다음 세대를 생각하는
인문교양 시리즈

아우름 22

일러두기

본문에 소개된 시는 작가를 별도로 표기한 경우를 제외하고는 모두 이 책의 저자인 이해인 수녀님이
창작한 시입니다.

고운 마음 꽃이 되고
고운 말은 빛이 되고

내일을 밝히는 오늘의 고운 말 연습

이해인 지음

샘터

나를 키우는 말

행복하다고 말하는 동안은
나도 정말 행복해서
마음에 맑은 샘이 흐르고

고맙다고 말하는 동안은
고마운 마음 새로이 솟아올라
내 마음도 더욱 순해지고

아름답다고 말하는 동안은
나도 잠시 아름다운 사람이 되어
마음 한 자락이 환해지고

좋은 말이 나를 키우는 걸

나는 말하면서

다시 알지

이해인

♪ 175쪽에 이 시의 노래 악보가 실려 있습니다.

오늘도 '고운 말 쓰기 학교'의 수련생으로

'호수에 돌을 던지면 파문이 일듯이 말의 파장이 운명을 결정짓는다.' '오늘은 어제 사용한 말의 결실이고 내일은 오늘 사용한 말의 열매이다.'

제가 수첩에 적어 놓은 이 말을 오늘 다시 읽어 봅니다.

'실제로 우리의 말은 참되고, 우리의 침묵은 사랑으로 가득하고, 칭찬은 꾸밈이 없으며, 책망은 상대방의 감정을 다치지 않는 것이어야 한다. 어떤 일을 하든지 우리는 항상 공동 선익에 유념한다.'

우리 수녀회 회헌會憲에 있는 말을 되새김할 적마다 꼭 수도자가 아니라도 우리의 말이 공동 선익에 기여하려면 항상 노력하고 깨어 있어야 함을 다시 생각하게 됩니다.

날마다 말을 하고 사는 우리는 말 덕분에 많은 보람과 기쁨도 느끼지만 말 때문에 아파하고 슬퍼할 때도 많습니다. 고운 말 쓰기 학교의 충실한 수련생으로 수십 년을 살았지만 이 수련은 죽을 때까지 계속해야 할 아름다운 의무임을 날마다 새롭게 절감합니다.

이 책은 한 사람의 수도자로서 좀 더 선한 마음을 갈고닦으며 고운 말씨를 쓰고 고운 행동을 하고 싶은 열망과 작은 노력들을 적어 놓은 글을 한데 모은 것입니다. 그러므로 여기에 실린 글들은 모두가 언어와 관계된 것들입니다. 제가 평소 삶에서 경험한 것을 썼기에 어떤 논리적인 배움이나 언어학적인 가르침과는 거리가 멉니다. 또한 주관적으로 제시하는 내용들이라 모든 이에게 다 해당되는 정답도 아닐 것입니다.

3개의 장으로 나뉘어진 글들을 꼭 순서대로 읽지 않아도 됩니다. 오늘 내가 들었던 말 중에 안 좋은 말이 있으면 어떻게 바꾸어 말하면 좋을까 한번쯤 궁리해 보고, 내가 따라 하고 싶은 좋은 말이 있으면 이 책이나 노트의 빈 칸에 적어 보기도 하면서 고운 말 실습을 하는 것 또한 좋은 방법이 아닐까 합니다. 이 책을 다 읽고 나서 한번쯤 '나도 이제 나만의 고운 말 메뉴를 좀 더 새롭게 좀 더 많이 만들어 볼까?'라고 생각해 주면 기쁘고 고맙겠습니다.

제 글들을 잘 가려내서 단정하게 편집해 준 샘터 출판사의 지혜로움에 깊이 감사드립니다. 저도 이 책을 여기저기 선물할 수 있어 행복하고, 언제 어디서든 고운 말 쓰기 미니 특강 교재로 많이 활용할 생각입니다.

아침에 잠을 깨우는 새소리를 들으면 저들이 무슨 말을 하는 것일까 저는 몹시 궁금해지곤 합니다. 정원을 산책하다 하얀 나비들이 제 앞으로 날아오면 그들에게 무슨 말이라도 건네고 싶어집니다. 계절마다 다양하게 피어나는 고운 꽃들을 볼 때는 꽃처럼 고운 마음으로 고운 말을 찾아 건네는 고운 사람이 되고 싶다는 갈망을 새롭게 피워 올립니다.

살아 있는 동안 많은 말을 해왔고 또 앞으로도 많은 말을 하고 살아가게 될 우리 모두는 고운 말 한마디가 출렁이는 소리를 듣기 위해서 침묵 속에 먼저 숨을 줄도 알아야겠지요.

　《고운 마음 꽃이 되고 고운 말은 빛이 되고》에 독자 여러분을 초대합니다. 이 책의 제목이 시사하듯이 날마다 새롭게 고운 마음 갈고닦아 사랑의 꽃을 피우고, 날마다 기쁘게 고운 말씨 갈고닦아 주변과 세상을 환히 밝히는 사랑의 빛이 됩시다.

2017년 여름
부산 광안리 성 베네딕도 수녀원에서

이해인

| 차 례 |

3장. 흰 구름 수녀의 고운 말 일기

1장.

살리고 자라게 하는
생명의 말

일상에서 지금부터

고운 말 쓰기에도
연습이 필요해요

우리는 매일 많은 말을 듣고 또 하고 삽니다. 우리가 만나는 사람의 수만큼이나 말의 양과 질도 매우 다양하지요. 대개 좋은 관계도, 나쁜 관계도 말에서 비롯될 때가 많습니다.

엄격한 관상觀想 수도회인 트라피스트 수도자들은 오직 침묵과 기도의 삶에 몰입하기 위해 꼭 필요한 말은 수화手話로 한다고 합니다. 말을 안 하는 만큼 말로써 죄를 지을 확률도 줄어들겠구나 하고 생각한 적이 있습니다.

늘 가까이 대하는 가족, 친구, 이웃끼리도 서로 편하게 여겨서인지 주고받는 말 때문에 깊은 오해와 상처를 만드는 경우가 있습니다. 초면에 말을 잘못 해서 좀처럼 좋은 관계가 이루어지지 않는 경우도 있지요. 인간관계 속에서 말을 잘하기가 참으로 어렵다는 생각이 듭니다.

오랜 병고에 시달리며 누워 있는 이에게, 사랑하는 이와의 이별로 괴로워하는 이에게, 또는 사업에 실패하거나 시험에 떨어져서 낙담하고 있는 이에게 적절한 위로의 말을 찾아 건네는 것이 좋은 일이 있을 때 축하나 감사의 말을 건네는 것보다 훨씬 어렵게 느껴집니다. 합당한 말이 없는 것도 아닐 텐데 막상 표현을 하자면 생각이 잘 안 나고 말이 궁해 답답해지는 것을 저도 여러 번 경험했습니다.

"어설프게 위로하려다 오히려 상처를 주기보다는 아예 입 다물고 가만히 있는 게 더 낫지 않을까요?" 하는 말도 종종 듣지만 이는 너무 소극적인 태도인 것 같습니다.

우리가 글을 배우고, 피아노를 배우고, 뜨개질을 배우듯이 삶의 질을 높여 주는 좋은 말을 배우는 데도 많은 연구와 노력과 연습이 꼭 필요한 것이 아닐까요? 평소에 좀 더 관심을 갖고 우리말을 공부하고, 남의 말을 열심히 듣고, 좋은 책을 통해 좋은 말을 배우며 실제로 잘 활용하려 애쓴다면 자신도 모르는 사이에 매일의 언어생활이 더 아름답고 깊이 있게 변하리라 믿습니다.

우리의 품격을 떨어뜨리는 저속한 말, 너무 피상적이고 충동적이고 겉도는 말, 자기중심적이고 무례한 말을 습관적으로 하지 않으려면 우리 마음과 삶의 태도부터 맑고 곱고 선하게 가꾸어야 할 것입니다. 우리의 말이 향기로우려면 우리의 삶 또한 향기로워야 합니다. 그러기 위해서는 일상생활 속에서 끝없이 노력하는 언어의 수행자修行者가 되어야 하겠지요.

따라 쓰며 마음에 새기는 詩 ①

매일 우리가 하는 말은

매일 우리가 하는 말은
역겨운 냄새가 아닌
향기로운 말로
향기로운 여운을 남기게 하소서
우리의 모든 말들이
이웃의 가슴에 꽂히는
기쁨의 꽃이 되고 평화의 노래가 되어
세상이 조금씩 더 밝아지게 하소서
누구에게도 도움이 될 리 없는
험담과 헛된 소문을 실어 나르지 않는

고운 마음 꽃이 되고 고운 말은 빛이 되고

깨끗한 마음으로
깨끗한 말을 하게 하소서

나보다 먼저
상대방의 입장을 헤아리는
사랑의 마음으로
사랑의 말을 하게 하시고
남의 나쁜 점보다는
좋은 점을 먼저 보는
긍정적인 마음으로
긍정적인 말을 하게 하소서

매일 정성껏 물을 주어
한 포기의 난초를 가꾸듯
침묵과 기도의 샘에서 길어 올린
지혜의 맑은 물로
우리의 말씨를 가다듬게 하소서
겸손의 그윽한 향기
그 안에 스며들게 하소서

살리고 자라게 하는 생명의 말   17

사람을 키우는
좋은 말

아침에 땀 흘리며 층계 청소를 하고 있는데, 지나가는 이들이 활짝 웃으며 제게 건네는 아침 인사가 백합처럼 순결하고 정겨웠습니다. 저도 "좋은 하루 되세요" 하고 응답하는데, 문틈으로 치자꽃 향기가 날아오고 숲에서는 뻐꾹새 소리가 들려왔습니다. "아, 행복해" 하는 감탄사와 함께 "오늘 하루도 좋은 생각, 좋은 말, 좋은 행동을 할 수 있게 도와주십시오" 하는 기도가 절로 튀어나왔습니다.

어쩌다 외출해서 사람들이 주고받는 이야기에 귀 기울이노라면 듣기에 민망할 정도로 다른 이의 인격을 깎아내리거나 무시하는 부

고운 마음 꽃이 되고 고운 말은 빛이 되고

정적인 말들이 많아 안타깝습니다. 인터넷에 들어가 보아도 무책임하게 남을 헐뜯거나 비아냥거리는 말투가 절제 없이 떠다니는 것을 볼 수 있습니다.

요즘은 영어 조기교육의 열기로 심지어 아기들까지 고운 우리말을 익히기도 전에 영어로 이야기하는 걸 보면서 미래의 우리말 지킴이를 잃어버리는 것 같아 안타깝고 걱정스럽습니다. 언어야말로 습관으로 길들여지는 것이기에 어려서부터 고운 말, 바른 말을 익혀 두지 않으면 바로잡기가 매우 힘들기 때문입니다.

매일 많은 사람을 만나는 삶 속에서 언어에 대한 반성은 해도 해도 끝이 없는 듯합니다. 수도자라는 신분을 낯설어하는 이들과 거리를 좁히려고 제가 먼저 말을 많이 하다 보니 종종 확실한 근거도 없는 모호한 말, 재미는 있지만 의미 없는 말, 독단적이고 편협한 말을 서슴없이 내뱉고는 저 스스로 놀랄 때가 있습니다. 그래서 요즘은 아주 사소한 표현이라도 이왕이면 밝고 긍정적으로 하려고 애씁니다.

날씨가 너무 더워 짜증스러운 푸념이 나오려고 할 땐 "우린 더워서 고생이지만 곡식과 과일이 잘 익으니 뜨거운 햇볕이 정말 고맙지요?" 하고, 비가 와서 습기 찬 것을 불평하고 싶을 적엔 "목마른 대지와 나무들이 기뻐서 어쩔 줄을 모르네요. 비는 얼마나 고마운지!"라고 말해 봅니다.

어떤 상황에서 누가 강한 불만을 토로하면 "이렇게 할 수밖에 없는 속사정을 우린 잘 모르잖아요"라고 조심스레 대꾸해 보고, 늘 자신을 비하하며 한탄하는 이들에겐 "걱정 마시고 힘을 내세요. 곧 좋아질 거예요"라고 위로의 표현을 해봅니다.

싫다, 지겹다는 말을 자꾸 되풀이하면 실제로 지겨운 삶이 될 수도 있습니다. 먼저 말이라도 그 반대의 표현을 골라서 연습하다 보면 그 좋은 말이 우리를 키워 주는 걸 경험하게 된다고, 감히 경륜 쌓인 교사처럼 친지들에게 일러 주곤 합니다.

나의 잘못이나 허물을 지적받았을 때도 변명을 앞세우기보다는 일단 고맙다, 죄송하다는 말부터 먼저 하고 나면 마음이 자유롭고 떳떳해지는 승리감을 맛보게 된다는 이야기도 들려 줍니다.

"관 속에 들어가도 막말은 말라."

"말이 고마우면 비지 사러 갔다가 두부 사 온다."

이러한 속담을 의식적으로 자주 기억하면서, 아무리 화가 나도 극단적인 막말을 하지 않을 수 있는 인내를 실습합니다. 남에게 들은 말을 어설프게 전달해서 평화보다는 오해를 불러일으키는 어리석음에 빠져들지 않게 해달라고 오늘도 기도합니다.

언어의 집을 짓는 아름다운 사람이 되기 위해서는 날마다 새로운 노력을 거듭해야 하겠지요. 이 힘들지만 아름다운 노력의 여정에 여러분도 함께해 주실 거지요?

고운 마음 꽃이 되고 고운 말은 빛이 되고

먼저
인간적인 위로를
건네세요

제게는 몸의 아픔과 마음의 아픔에 대한 명상과 묵상을 많이 한 시간이 있었습니다. 그 생각들을 정리해 〈눈물의 만남〉이란 시에서 이렇게 노래했습니다.

내가 몸이 아플 때 / 흘린 눈물과

마음이 아플 때 / 흘린 눈물이

어느새 / 사이좋은 친구가 되었네

몸의 아픔은 나를 / 겸손으로 초대하고

맘의 아픔은 나를 / 고독으로 초대하였지

아픔과 슬픔을 / 내치지 않고 / 정겹게 길들일수록

나의 행복도 / 조금씩 웃음소리를 냈지

　수녀원에서 사십 년 넘게 생활하며 좋은 말을 너무 많이 듣다 보니 어느덧 그것이 타성처럼 되어 별 감동을 느끼지 못하게 되었는지 모릅니다. 그러다가 제가 아프고 나서 비로소 모든 사람과 사물에 대한 감사를 새롭게 알게 되었습니다. 수술을 해본 적이 없을 때에도 '마치 수술한 환자가 회복실에서 깨어나 처음 세상을 보았을 때의 놀라움으로 감사한 생활을 하자'고 글로는 썼지요. 하지만 제가 그런 입장이 됐을 때, 그 감동과 놀라움은 실로 대단한 것이었습니다.

　수술 후 아무것도 못 먹던 저는, 아직 피주머니를 지닌 채 수녀원으로 돌아온 이후 미음부터 시작해 조금씩 먹기 시작했습니다. 그때 보호자 수녀님이 제게 포도를 딱 한 알 주셨습니다. 그 포도 한 알의 황홀함은 저에게는 지구만큼 큰 것이었지요. '어머나, 세상에 포도라는 것이 있었지. 어쩌면 이렇게 달콤할 수 있을까.'

　한 알만 더 먹었으면 하는 제게 보호자 수녀님은 "오늘은 세 알만 먹어요", "오늘은 네 알 줄게요" 하고 선심을 쓰셨지요. 포도 한 알에서 비롯되는 기쁨, 이보다 더 감동스러울 수 있을까요.

　병상에 있는 동안 이처럼 작게만 생각했던 것들의 의미를 되새

고운 마음 꽃이 되고 고운 말은 빛이 되고

겨 보게 되었습니다. 무엇보다 병실에서 사람들이 툭툭 던지는 말을 들으면서 제가 건강할 때 사람들에게 다니면서 했던 말들에 대해서도 많이 돌아보았습니다. 좋은 말이라고 생각해 다른 사람한테 강요하고 잔소리했던 것들이 참 많은 경우에 관념적이고 추상적이고, 너무 형식적이었다는 반성도 했습니다.

저는 평생을 기도하고자 수도원에 온, 말하자면 봉헌자임에도 불구하고 몸이 너무 아플 때는 사람들이 문병을 와서 계속 기도만 하는 것에도 거부감이 생겼습니다. 수도자로서 십자가 위 예수님의 고통을 그 어느 때보다 잘 이해할 수 있는 기회임은 분명했지만, 열이면 열 명이 모두 똑같이 기도만 할 때 야속한 생각마저 들었습니다. 인간적인 위로를 먼저 해주고 그다음에 기도하자고 해도 늦지 않을 텐데 말이지요.

그때 제게 누구보다 인간적인 위로를 건네셨던 분은 바로 옆방에 입원해 계시던 김수환 추기경님이었습니다. 저는 그분을 귀찮게 해드리지 않기 위해 일부러 피해 다녔지요. 그런데 제가 같은 병원에 입원해 있다는 소식을 들은 추기경님이 오히려 먼저 만나고 싶다는 기별을 보내오셨습니다. 영광스런 마음으로 그분의 방에 갔을 때, 추기경님이 저한테 물으셨습니다.

"수녀도 그럼 항암이라는 걸 하나?"

제가 "항암만 합니까, 방사선도 하는데" 하고 대답했더니 추기경님은 무언가 가만히 생각하시는 듯했습니다. 저는 추기경님이 주님을 위해서 고통을 참아라, 그런 말씀을 하실 줄 알았습니다. 그런데 대단한 고위 성직자이고 덕이 깊은 그분의 입에서 나온 말씀은 주님이라든가 신앙, 거룩함, 기도 같은 것이 아니었습니다. 추기경님은 이렇게 딱 한마디 하셨습니다.

"그래? 대단하다, 수녀."

그 한마디, 인간적인 위로가 제게는 큰 감동으로 다가왔습니다. 순간 '나도 저런 사람이 되고 싶다'는 소망을 가졌습니다. 추기경님의 그 한마디 속에 모든 종교적인 의미와 가르침이 담겨 있었습니다. 덕이 깊은 사람일수록 그처럼 인간적인 말을 하는 것임을 그날 깨달았습니다.

9·11 테러로 아들을 잃은 한 어머니의 편지를 받은 적이 있습니다. 그 어머니에게 가장 상처가 된 것은 아들을 잃은 것에 대한 주변 사람들의 반응이었다고 합니다. 사고로 자식을 앞세운 부모의 마음을 너무나 쉽게 종교적인 말로 위로했을 때 무척 마음이 상했다고 합니다. 좋은 말이라고 해도 함부로 해서는 안 되고, 위로에도 지혜가 필요하다는 것을 다시 한 번 되새겨 보게 합니다.

음식점에 가서 차림표를 보고 뭘 먹을까 고민하는 것처럼 매일 누군가에게 말을 할 때도 메뉴가 있어야 한다고 생각합니다. 기쁨을

고운 마음 꽃이 되고 고운 말은 빛이 되고

경험한 사람에게는 기쁨의 덕담을 해주고 슬픔에 잠긴 사람에게는 슬픔에 어울리는 위로의 말을 해주어야 합니다. 내 마음의 수첩에 언어의 차림표를 마련해 두고 연습을 해보면 어떨까요.

날마다 새롭게 결심하고 새롭게 사랑하고 새롭게 선한 마음을 갖고 새롭게 고운 말을 연습하는 것은 우리 생의 의무이고 책임입니다.

화가 나도
극단적인 표현은 삼가기

여러분께 가장 먼저 말씀드리고 싶은 고운 말 습관 중 하나는 '아무리 화가 나도 막말은 하지 말자'는 것입니다.

사람들이 화가 났을 때 흔히 하는 말을 한번 살펴볼까요?

뚜껑 열린다, 미치겠다, 환장하겠다, 꼭지가 돈다, 혈압 오른다, 돌아버리겠다, 졸도하겠다, 까무러치겠다…….

화가 난다, 성이 난다고 말해도 될 것을 이렇게 표현합니다. 이런 자극적이고 강한 표현은 아름다운 향기를 풍기는 말은 아니겠지요.

그럼 화가 나서 감정 조절이 잘 안 될 때 어떤 표현을 쓰는 것이 좋을까요? 한번은 이 주제로 수녀님들과 소모임을 가진 적이 있습

고운 마음 꽃이 되고 고운 말은 빛이 되고

니다. 비록 화가 나서 하는 말이라도 가능한 한 순하고, 관계를 해치지 않는 언어를 연구해 보자고 했더니 여러 의견이 나왔습니다.

너무 심하지 않아요? 인내의 한계를 느껴요, 더 이상 못 참겠어요……. 그중 으뜸으로 선정된 말은 이것이었습니다.

"보통 일이 아니에요."

그분은 누군가를 욕하고 싶을 때, 힘들고 화가 날 때 "보통 일이 아니에요", "보통 일이 아니거든요"라는 말로 다 정리를 한다고 합니다.

영화배우 안성기 씨는 인품이 좋고 후배들을 잘 챙기는 것으로 소문난, 그야말로 '국민배우'라는 호칭이 어울리는 사람이지요. 안성기 씨는 체질적으로 화를 낸다거나 누구를 저주한다거나 부정적인 표현을 못한다고 합니다. 나쁜 말을 하는 것이 남의 옷을 입은 것처럼 편하지 않다고요. 그러자 한 기자가 물어봤다고 합니다. 사기를 치거나 미운 행동을 하는 사람이 있다고 가정할 때, 그런 경우 화가 나서 하는 표현이 하나 정도는 있지 않느냐고 말이지요.

그에 대한 안성기 씨의 답변이 무척 인상적이었습니다. 그는 너무나 미운 사람이 있으면 이렇게 딱 한마디 한다고요.

"이러시면 곤란합니다."

그것이 그가 최악의 상황에서 퍼부을 수 있는 가장 거친 말이라고 합니다.

"보통 일이 아니에요." "이러시면 곤란합니다."

여러분도 화가 날 때 이 두 가지 표현을 활용해 보시면 어떨까 합니다.

우리가 일상적으로 쓰는 말 중에 과격한 표현들이 적지 않지요.

골 때린다, 해골이 복잡하다 ― 그냥 머리가 복잡하다고 말하면 되겠지요.

쫙 뻗었다 ― 너무 힘들다, 피곤하다, 파김치가 됐다는 말로 바꾸면 어떨까요.

그런가 하면 '웃기네'라는 표현 없이는 말이 안 될 정도입니다. '미치고 팔짝 뛰겠다', '딱 질색이야' 등의 단정적인 말보다는 '못마땅하다' 정도의 순한 말로 바꾸어 보는 게 좋겠습니다. '짜증나네', '정말 지겨워 죽겠네' 하고 말하는 동안 정말로 짜증나는 삶으로 가게 될 수도 있습니다.

도로에서 운전대를 잡으면 욕하는 게 당연한 일이라고 합리화하는 어른들이 많지요. 오히려 운전하면서 욕하지 않는 사람을 별종으로 취급할 정도입니다. 도로 위의 얄미운 운전자들 때문에 욕이 저절로 나온다고요.

한 신부님이 운전을 하며 너무 막말, 상스러운 말을 쓰게 되자 이래선 안 되겠다 싶어 메모지 한 장을 준비했습니다. 1, 2, 3 번호를 쓰고 평소 잘하는 욕을 써서 붙였다고요. 그리고 얄미운 대상이 지나갈 때마다 욕을 하는 대신 번호를 말했더니 무척 편리하더래요.

"저 아저씨는…… 이그 1번이야." "저 아줌만 2번 아니야?"

그렇게 해서라도 지나치게 막말하는 것을 줄여 보려고 노력했다는 얘기를 들은 적이 있습니다.

아무리 화가 났어도 말을 아끼고, 스스로 자극적이고 극단적인 말을 삼가는 노력을 기울인다면 우리의 삶도 더욱 향기로워지지 않을까요.

비교해서 말할 땐
한 번 더 생각하기

명절이면 그동안 자주 보지 못했던 가족, 친척들이 오랜만에 한자리에 모이게 됩니다. 그런데 그 정겹고 귀한 자리가 자칫 바늘방석이 될 수도 있지요. 무심히 던진 말 한마디, 특히 비교하는 말에 마음 상하는 일이 생기기 때문입니다.

여러분께 말씀드리고 싶은 고운 말 습관은 '비교하는 말을 해야 할 때는 한 번 더 신중하게 생각하고 표현하자'는 것입니다.

사회생활을 하거나 친지, 이웃을 만나는 등 다른 사람과 어울리다 보면 나도 모르게 주변 사람을 서로 비교해서 말하기 쉽지요. 누가

고운 마음 꽃이 되고 고운 말은 빛이 되고

더 예쁘다, 누가 더 똑똑하다, 누가 더 잘났다……. 그런데 저는 은연중에 쓰는 이런 비교급의 표현, 편애하는 말을 삼가려고 노력합니다.

가끔 누군가 "수녀님은 어떤 계절을 좋아하세요? 봄이 좋으세요, 가을이 좋으세요?" 하고 물어 올 때가 있습니다. 그럼 계절한테도 왠지 미안해서 이렇게 대답합니다.

"봄은 꽃이 많아서 좋고, 가을은 단풍이 아름다워서 좋아요."

개성이 없는 말같이 들릴지도 모르지만, 사람을 대할 때는 이런 마음을 가져야 하지 않을까 생각합니다. A는 말이 좀 많은 것 같아도 활달하고 적극적이어서 좋고, B는 말이 너무 없어 답답한 듯해도 늘 차분하고 조용해서 좋고……. A는 이런 점이 좋고, B는 저런 점이 좋고……. 이렇게 설령 비교를 하더라도 아름답고 긍정적으로 하는 우리가 되었으면 좋겠습니다.

저는 딸 셋 중에 둘째이다 보니 자주 비교당하는 말을 듣곤 합니다.

"수녀님보다는 큰 수녀님(언니)이 훨씬 덕성스러워 보이세요"라든가 "얼굴은 수녀님보단 동생이 훨씬 더 아름답지요" 하는 말을 들으면 그러려니 하다가도 문득 야속한 생각이 들 때가 있습니다. 어쩌다 제가 새 책을 펴내게 되어 선물하면 하필 그 자리에서 책은 펼쳐 보지도 않고 "아무개 작가는 얼마나 글을 잘 쓰는지…… 그분의 글에 늘 매료된답니다"라고 말하는 분들도 있습니다.

솔직한 표현이 나쁠 거야 없지만 제가 만약 같은 입장에 처한다면 "이 책도 나름의 특성과 향기가 있을 테지만 저는 아무개 작가의 글이 제 취향에 맞는 것 같아 자주 찾아 읽는답니다" 정도로 표현하겠습니다.

누군가 자꾸만 비교급 표현으로 질문하면 "글쎄? 어떤 게 더 나을까? 누가 더 예쁜 걸까?" 하는 식으로 잠시 뜸을 들이는 시간을 갖는 것이 어떨까요. 비교하는 말을 할 때는 잠시 멈추어 숨을 고르고 긴장하면서 한 번 더 생각해 보고 말하면 좋겠습니다.

한편 자신의 처지를 습관적으로 남과 비교해서 말하거나 타인의 성공과 행복을 자신의 것과 비교하여 푸념하는 것 또한 그리 바람직하지 않다고 생각합니다. 자신을 향해서든 남을 향해서든 비교급의 말을 할 때엔 좀 더 지혜를 모으고 신중하게 처신해야겠습니다.

말의 빛

쓰면 쓸수록 정드는 오래된 말
닦을수록 빛을 내며 자라는
고운 우리말

"사랑합니다"라는 말은
억지 부리지 않아도
하늘에 절로 피는 노을빛
나를 내어주려고
내가 타오르는 빛

"고맙습니다"라는 말은
언제나 부담 없는
푸르른 소나무빛
나를 키우려고
내가 싱그러워지는 빛

"용서하세요"라는 말은
부끄러워 스러지는
겸허한 반딧불빛
나를 비우려고
내가 작아지는 빛

사람이든 물건이든
비하하지 마세요

우리가 어린아이였을 때는 장난감도, 꽃이나 나무, 강아지도 내 말을 알아듣는다고 생각했지요. 어른이 되어서도 그와 같은 동심童心을 지니고 세상을 바라보면 삶이 더욱 아름다워지지 않을까요.

아무리 친한 사이라도 예의를 갖추어 말하는 습관을 익히고, 사람이든 사물이든, 생물이든 무생물이든 함부로 비하하지 않도록 노력해야겠습니다.

특히 가정에서 우리는 서로가 서로에게 좋은 본이 되어야 하지만 너무 가깝고 편한 사이이다 보니 오히려 예의를 갖추지 않고 말하거나, 다른 사람이나 물건에 대해 표현할 때도 함부로 말하는 경향이 있는 것 같습니다.

한번은 택시를 탔는데 운전기사 분이 제게 이런 말씀을 하셨습니다. "저녁 뉴스에 정치인들이 나오면 30분 내내 욕만 하는 저 자신을 보게 됩니다. 괜히 상관없는 사람들한테 '골빈 녀석들', '망할 새끼들'이라고 욕을 하게 되고요. 그러다 어느 날 문득 내가 한 여자의 남편이고 아들딸한테는 아버지이며 손자손녀한테는 할아버지인데, 가족들이 나한테 뭘 배울까 싶어 부끄러운 생각이 들더군요."

밖에서 손님들을 상대할 때 안 좋은 말들이 오가는 경우가 많다 보니 집에 들어가서까지 습관적으로 부정적인 말을 내뱉는 자신을 발견하고는 '이래선 안 되는데' 하는 생각이 들었다고 했습니다.

이처럼 우리는 습관적으로 '새끼', '놈', '자식'이라는 말을 쓰는 경우가 많지요. 정 그런 표현을 하고 싶다면 '나쁜 사람', '몹쓸 사람' 정도로 바꾸어 보는 게 어떨까요.

'제까짓 게 뭐라고!'라는 말 대신 '아휴, 다들 왜 그 모양인지' 정도로 바꿔 보고, '구제불능 아니야?' 대신 '더 이상 어떻게 해볼 도리가 없는 것 같네'라든가 '어떻게 도와주면 좋을지!' 정도로 좀 더 순한 표현을 찾아보면 좋을 듯합니다.

'저 사람 정서불안 아니야?', '미쳤어'라고 말하고 싶을 때는 '어디가 좀 아픈 사람 같지 않아?' 정도로 말해 보면 어떨까요. 아무리

고운 마음 꽃이 되고 고운 말은 빛이 되고

문제가 많은 사람이라 해도 인격을 깎아내리는 표현을 함부로 해선 안 될 것입니다. 설령 그 사람이 자리에 없더라도, 안 듣는다 하여 함부로 멸시하거나 모욕적인 표현을 사용해 우리의 입을 더럽히지 않도록 늘 조심하는 마음을 가지면 좋겠습니다.

집에서도 세탁기나 냉장고가 고장 나면 꼭 '놈' 자를 붙이곤 하지요. '이놈의 세탁기는 늘 말썽이야', '이놈의 냉장고는 고장도 잘 나요'라고요. 놈 자를 빼도 충분히 표현이 될 텐데 말이지요.

TV 드라마를 보다가도 '이 드라마는 질질 끌고 재미가 없네'라고 해도 충분할 것을 '이 드라마는 재밋대가리 하나 없네'라 말하고, 음식 맛을 보다가도 '맛대가리 하나 없네'라 말하기도 하는데, 이런 경우 '대가리'라는 말을 꼭 써야 할까요?

한 어머니는 화가 날 때 아이들에게 쓰기 쉬운 '돼지같이', '곰같이' 등의 동물적인 비유를 '버들강아지같이', '느티나무같이' 하는 식물적인 이미지로 바꾸어 사용하니 한결 좋더라는 고백을 한 적이 있습니다.

작은 언어 습관 하나하나가 내 삶을 밝게도 만들고 어둡게도 만든다는 사실을 다시 한 번 명심하면 좋겠습니다. 인간관계를 무너뜨리는 '걸림돌'이 되기보다는 좋은 인연으로 이어 주는 '디딤돌'이 되어 봅시다. 인생이라는 언어 학교의 수련생으로 늘 깨어 있는 우리가 되도록 노력합시다.

배려가 있는
농담이나 유머가
좋아요

꽃향기 가득한 길을 산책하며 종종 꽃들의 내밀한 이야기에 귀 기울일 때가 있습니다. 오늘은 내게 장미 한 송이가 '내 뾰족한 가시들이 남에게 큰 아픔 되지 않게 하시고, 우리를 위한 고뇌 속에 성숙하는 기쁨을 알게 하소서'라고 말하는 것 같습니다. 반짝이는 보석이 될 수도, 장미의 가시가 될 수도 있는 농담이나 유머에 대해 이야기해 볼까 합니다.

농담이나 유머는 우리 삶에 활력을 불어넣어 주고 즐거움을 더해 주며 무미한 일상에 다채로운 맛을 더하는 양념 역할을 합니다.

고운 마음 꽃이 되고 고운 말은 빛이 되고

하지만 경우에 따라서는 안 하느니만 못한 때도 있습니다. 가까운 사람들끼리 농담이나 유머를 주고받다가 마음을 상하는 경우가 있지요. 한쪽에서 화를 내면 '농담도 못 하나?' 하고 대수롭지 않게 말하지만, 농담이야말로 생각 없이 함부로 해선 안 된다는 생각이 듭니다. 저 같은 수도자, 성직자가 있는 자리에서 너무 외설적인 농담을 하면 어떻게 응대해야 할지 난처한 경우도 있습니다.

그 말을 듣는 대상에 맞는지, 때에 맞는지, 분위기에 맞는지 두루 살펴봐야겠지요. 상대가 약점으로 생각하는 외모나 성격의 어떤 면을 농담으로 은근히 빗대어 말하거나 비아냥거림이 느껴지는 말은 하지 않는 게 좋겠지요.

예를 들어 '눈이 단춧구멍만 하고', '입은 하마같이 크고', '얼굴은 말상'이라고 말하거나 '다른 것은 잘 모르면서 맛있는 것 하나는 귀신같이 잘도 알아요'라고 표현하는 것 등이 그에 속하겠지요. 또한 누군가에 대해 평소 못마땅하게 여기던 점을 농담을 구실 삼아 슬쩍 가시로 끼워 넣어 말하는 것 역시 비겁한 일일 것입니다.

제대로 된 농담이나 유머는 언제 들어도 즐겁고, 보편타당성이 있고, 남의 기분을 상하게 하지 않으며, 뒤끝이 찜찜하지 않고 오히려 향기로운 여운을 주는 것이어야 하지 않을까요? 농담이나 유머는 적당하게appropriately, 시기적절하게timely 그리고 다정하게tenderly 해야 한다는 말도 더불어 기억하면 좋겠습니다.

초대를 받아서 간 어느 모임에서 진지한 이야기는 하나도 안 하고 내내 농담으로만 시간을 보내고 나니 일어서는 자리가 허전했던 기억이 있습니다. 재미있으라고 시종일관 실없는 농담이나 난센스 퀴즈로만 일관하는 것은 그리 바람직하지 않다고 봅니다.

물론 농담을 하는 쪽에서 먼저 신중하게 말해야 하지만, 듣는 쪽에서도 역시 더러 마음에 들지 않더라도 넓은 사랑의 마음으로 넘길 수 있는 재치가 필요합니다.

한번은 어느 기자가 고^故 김수환 추기경님께 이런 농담을 했다고 합니다. "만약 결혼을 하셨으면 2세의 얼굴이 추기경님처럼 못생길 게 뻔하니 결혼 안 하시기를 정말 잘한 것 같습니다."

그 말을 들은 추기경님은 유쾌하게 웃으며 "나도 그리 생각한다네" 하고 말씀하셨다지요. 이분의 재치와 유머를 본받고 싶습니다.

간혹 지인들이 제게 "고운 시만 쓰는 수녀님이 이 세상을 어떻게 아시겠어요?" 하면, 저는 "글쎄요…… 그런 면이 있지만 나름대로 간접 체험을 많이 하는 편이고, 현실을 알기 위해 일부러 신문도 열심히 읽는답니다" 정도로 변명 아닌 변명을 해보기도 합니다.

또 우리 수녀님들이 제게 "그리 작은 손으로 무슨 설거지를 하겠다고? 시나 쓰시지" 하면 "시나 쓰는 건 어디 그리 쉬운가요? 그래도 병을 닦을 땐 이 손이 병 속에 쏙 들어가 얼마나 편리한데요" 정도로 웃으며 대꾸하곤 하지요.

　자신의 마음을 잘 다스려야만 농담을 할 때도 들을 때도 지혜의 빛을 발할 수 있으니 날마다 새롭게 지혜로워질 수 있도록 노력을 게을리하지 말아야겠습니다.

흉을 보더라도
표현만은 순하게

사람이 모이는 자리에 가면 어쩔 수 없이 동료의 흉을 보거나 연예인이나 정치인의 흉을 보는 일이 생기곤 하지요. 흉을 보지 않는 것이 가장 좋겠지만, 우리는 불완전한 인간이기에 은연중에 남을 험담하거나 비판하게 됩니다. 그럴 땐 비록 흉을 보더라도 가능한 한 고운 말로 순화시켜 보는 것이 어떨까요.

험담을 하는 자리에서 내가 동조하는 역할을 맡게 되었을 때, 그 표현이 지나치다고 생각되면 얼른 바로잡는 연습을 해봅시다. 그 자리에 없는 사람을 흉보다가도 지나치다는 생각이 들면 욕먹을 각오를

고운 마음 꽃이 되고 고운 말은 빛이 되고

하고서라도 한번쯤 변호인의 역할을 자처해 보는 것도 좋겠습니다.

예를 들어 직장 상사를 욕하는 자리에서 '성격이 독종이야', '지랄맞다', '그 사람 때문에 죽을 맛이야' 등 지나치게 강한 표현이나 나쁜 말로 치달을 때는 똑같이 그 말을 받아서 하는 게 아니라 말을 좀 더 순화시켜서 '우리와는 다른 강한 면이 있으시지요', '워낙 특이한 면이 있으세요' 등으로 표현을 바꿔 보세요.

또한 '그렇지만 그게 그 사람의 전부는 아닐 거예요', '사장님의 결정 사항이 마음에 안 들지만 우리가 모르는 어떤 이유가 있겠지요' 하며 중재하는 말을 해봅시다(단, 자꾸 말하면 얄미워지니까 한 번 정도만 살짝!).

누군가 "내가 이 말을 안 하려고 했는데……" 하고 운을 떼우면 우리는 "나쁜 말이면 하지 마" 하고 말리기보다는 "무슨 일인데? 알아야 도움을 주지" 하며 오히려 호기심으로 부추기기 쉽지요.

그렇게 나온 얘기가 별로 좋은 얘기가 아니었을 때, 한번쯤 '우리도 부족한 사람들이니 오늘은 그만 하자'라든가 '확실치 않은데 추측만으로 너무 속단하지 말자'라든가 '입장을 바꿔 생각해 보자', '신발을 바꿔 신어 보자' 등의 말로 분위기를 전환해 "맞아, 정말 그래!"라는 주위의 반응을 끌어내 봅시다. 이렇게 흥을 실컷 보았더라도 결론만은 긍정적으로 내리는 데 보탬이 되는 우리면 좋겠습니다.

홍보는 자리에서 현명하게 처신한다는 것이 말처럼 쉽지는 않겠지요. 실제로 닥치면 용기가 없어지고 다른 사람들이 나를 어떻게 생각할까 신경이 쓰여, 내가 생각하는 대로 말하지 못하는 경우가 많습니다. 그러므로 더 좋은 방법은, 옷을 입을 때 첫 단추를 잘 끼워야 하는 것처럼 첫 대화를 좋은 말로 시작하는 것입니다.

모임에서 앉자마자 누군가 고혈압, 당뇨병 얘기를 꺼내면 30분 내내 그 얘기로만 시간을 낭비하게 됩니다. 교통사고 얘기만 하다가 누군가의 축하식을 망칠 수도 있고요. 그만큼 첫 단어, 첫 대화가 중요한 것입니다. 그럴 땐 '오늘은 아무개 축하하기 위해서 모인 자리이니 어두운 얘기는 그만 하고 좋은 얘기만 하자'라든가 '아무개 장점 한 가지씩 말해 볼까?', '아무개에게 고마웠던 점을 말해 보자' 하는 식으로 분위기를 바로잡아 봅시다.

집에 돌아가서도 그리울 수 있는 모임이 되어야 좋겠지요. 남의 험담을 한다거나 떠돌아다니는 소문이나 스캔들 얘기만 하다가 헤어지면 그 뒤끝이 향기롭지 못하고 씁쓸한 여운이 마음의 평화를 깨뜨릴 것입니다.

나부터 지금부터 여기부터!

험담을 하더라도 좀 더 예쁘게, 좀 더 순하게 단어와 표현을 정화시켜 말하는 우리가 되도록 함께 노력합시다.

고운 마음 꽃이 되고 고운 말은 빛이 되고

언제나 때에 맞는
말을 하는 지혜

'경우에 닿는 말은 은쟁반에 담긴 황금사과다. (…) 말을 현명하게 하는 사람들은 지혜를 쌓아 훌륭한 격언들을 비처럼 뿌려 놓는다.'

'실언하기보다는 길에서 넘어지는 편이 낫다. 불쾌하게 구는 자는 때에 맞지 않는 이야기를 즐긴다.'

근래에 읽은 《구약성서》의 말씀을 마음에 새기며 언어생활의 중요성을 새롭게 묵상해 봅니다.

언제 어디서나 '때에 맞는 말'을 하는 것이 중요하지요. 누군가에게 기쁜 일로 축하의 말을 건넬 때, 슬픈 일로 위로의 말을 건넬 때에도 그냥 아무렇게나 하지 말고 한 번 더 신중하게 생각해서 말하는 것이 좋습니다. 분위기에 맞지 않는 엉뚱한 말로 관계를 그르치지 않도록 깨어 있자는 뜻입니다.

축하할 만한 일이 생긴 사람들에게 '땡 잡았네요'라고 말하기보다는 '좋으시겠어요', '복도 많으세요'라고 말하는 것이 훨씬 듣기에 좋지요.

멋진 상황이나 풍경에 대한 감탄사가 필요할 때 '뿅간다', '죽인다'는 표현보다는 '정말 반하겠어요', '환상 자체라니까요', '뭐라고 표현을 할 수가 없네요'라고 말해 보세요.

어떤 사람이 우울하거나 의기소침해 있어 위로가 필요할 때엔 '신경 끄세요!'라고 말하기보다는 '안심하세요', '걱정 마세요', '마음 놓으세요', '잘되도록 기도할게요'라고 말해 봅시다.

가끔 문병이나 문상을 가서 딱히 할 말을 찾지 못할 때가 있는데, 이럴 때도 몇 가지 표현을 미리 생각해 두면 도움이 될 것입니다. 제가 자주 입원을 해서 문병을 받아 보니, 건강한 사람들은 늘 자신의 입장에서 한바탕 긴 설교를 하거나 병에 대한 정보, 좋은 약에 대한 정보 같은 것들을 한꺼번에 너무 많이 주는 경우가 있더군요. 그런 말보다는 우선 아픈 사람의 입장을 헤아려 소박하고 담백한 인사를 건네는 것이 더 위로가 될 때가 많습니다.

예를 들어 '이제야말로 수녀님은 육체적 고통을 통해 좀 더 깊이

고운 마음 꽃이 되고 고운 말은 빛이 되고

있고 좋은 글을 탄생시킬 수 있겠군요!', '주님의 십자가를 기억하며 지금의 시련을 잘 참다 보면 앞으로 더 크게 쓰임 받을 거예요' 등의 말들은 다 옳고 훌륭하긴 하지요. 하지만 그보다는 '어쩌죠. 우리가 대신 아파 줄 수도 없고 마음만 안타깝네요', '힘들지만 힘내세요. 우리가 기도 열심히 할게요', '좋은 생각만 하고 꼭 나을 수 있다는 희망을 가지세요. 알았지요?' 등의 인간적인 말들이 오히려 더 정겹고 따뜻하고 힘이 되는 것을 느꼈습니다.

한번은 제 어머니가 위독하셨을 때 병원에 문병 온 도우미 할머니가 큰 소리로 "아이고 할머니 이제 집에 가시긴 다 틀렸네!"라고 해서 제가 화를 낸 일이 있습니다. 환자가 정신이 없어 보이지만 청각은 살아 있어 다 들으신다고, 설령 그게 사실이라도 그렇게 말하는 건 아니라고 말입니다. 그 후로 어머니는 퇴원해서 한 달 반 정도 더 집에 계시다가 하늘나라로 떠나셨습니다.

우리에겐 잔칫집에 갈 일도 많지만 초상집에 갈 일 역시 많이 생깁니다. 문상을 가서는 말을 아끼는 것이 미덕이지만 그래도 의례적인 인사나마 안 할 수가 없지요. '상심이 크시겠습니다', '저도 기도하겠습니다' 정도가 무난한 듯합니다. 갑작스런 사고로 가족을 잃고 참담해하는 유족들에게는 '얼마나 놀라셨습니까', '어떻게 이런 일이 있을 수 있는지!', '뭐라고 드릴 말씀이 없습니다'라고 말하는 것이 어떤 종교적이고 교훈적인 말보다 더 위로가 된다고 생각합니다.

항상 때에 맞는 말을 하기 위한 지혜를 구하며 국어사전도 자주 펼쳐 보는 우리가 되면 좋겠습니다. 햇볕과 바람 속에 아름답고 고요하게 영글어 가는 가을 열매처럼 여러분의 마음에도 좋은 말, 고운 말이 나날이 익어 가길 바랍니다.

따라 쓰며 마음에 새기는 詩 ③

고운 말

구슬이 서 말이라도 꿰어야 보배라지요
언어가 그리 많아도
잘 골라 써야만 보석이 됩니다

우리 오늘도 고운 말로
새롭게 하루를 시작해요
녹차가 우려내는 은은한 향기로
다른 이를 감싸고
따뜻하게 배려하는 말

고운 마음 꽃이 되고 고운 말은 빛이 되고

하나의 노래 같고
웃음같이 밝은 말
서로 먼저 찾아서 건네보아요
잔디밭에서 찾은 네잎 클로버 한 장 건네주듯이—

'마음은 그게 아닌데 말이 그만……'
하는 변명을 자주 하지 않도록
조금만 더 깨어 있으면 됩니다
조금만 더 노력하면
고운 말 하는 지혜가 따라옵니다

삶에 지친 시간들
상처받은 마음들
고운 말로 치유하는 우리가 되면
세상 또한 조금씩 고운 빛으로 물들겠지요
고운 말은 세상에서
가장 좋은 선물이지요

살리고 자라게 하는 생명의 말

긍정적인
맞장구를 치자

진정 사랑이 많고 지혜로운 사람이란 다른 사람의 말을 잘 들어 주는 사람일 것입니다. 상대방의 말을 귀담아 듣고 맞장구를 쳐주는 것은 우리의 아름다운 의무 가운데 하나이지요. 고운 말을 하는 것도 중요하지만 애덕을 가지고 상대방의 말에 맞장구를 쳐주는 것도 그에 못지않게 중요한 일입니다.

　이쪽에서 한참 자신의 이야기를 하고 있는데 상대방이 건성으로 듣거나 문자 메시지를 확인하는 데만 정신이 팔려 있는 모습을 보면 슬프고 서운한 생각이 드는 게 당연합니다. 또한 내가 무슨 말을 열심히 하는데도 상대방이 아무런 대꾸 없이 침묵으로만 일관하면 그

고운 마음 꽃이 되고 고운 말은 빛이 되고

것 역시 맥이 빠지고 무안한 일이지요. 종종 저를 찾아오는 어머니들은 무슨 말을 해도 가족들이 응대를 안 해주어 삶이 재미없다고 하소연하곤 합니다.

언젠가 고故 김수환 추기경님을 모시고 부산에 있는 가르멜 수녀원(지금은 밀양으로 이전)을 방문한 적이 있습니다. 객실에 나와 있던 십여 명의 수녀가 어찌나 추기경님의 말씀을 정성스레 듣고 "오오!" "네에!" "어쩌면!" 하고 감탄과 사랑의 맞장구를 잘 치는지 추기경님이 제게 이렇게 말씀하신 기억이 납니다.

"수녀들이 전심을 다해 듣는 태도가 정말 감동이네. 하도 맞장구를 잘 치니 그만 내가 의도하지 않았던 속 이야기까지 다 하게 되고……. 얼떨결에 다음 방문까지 약속하고 말았지 뭐야."

맞장구에도 여러 종류가 있다고 합니다. '알겠어요', '그렇군요' 하고 말하는 동의형 맞장구, '그런 일이 있었군요', '저런, 참 어이가 없었겠네요' 하고 말하는 공감형 맞장구, '정말? 그래서요?', '뒷얘기가 궁금한데요?' 하며 말을 더하게 해주는 격려형 맞장구, '네, 한마디로 이런 말씀이군요'로 이어지는 정리형 맞장구가 있습니다.

그런가 하면 '아직도 그걸 모르는 사람이 어디 있다고 그래요?', '그걸 말이라고 해요?', '한심하기 짝이 없네요' 등 대화마다 흥을 깨고 마음을 상하게 하는 부정적인 맞장구도 있습니다. 상대를 민망하게 만들고 궁지에 모는 퉁명스럽고 찌르퉁한 맞장구는 아예 안 하느니만 못하겠지요.

이렇게 다른 사람의 말에 추임새를 넣어 주고 적절하게 맞장구를 치는 것도 우리의 삶을 한결 윤택하고 활력 있게 만드는 '관계의 기술'이라는 생각이 듭니다. 속담에도 있듯이, 듣기 좋은 말은 아직도 무료이며 세금도 없는데 따스한 격려의 말 한마디에 너무 인색하게 굴 필요는 없겠지요. 이왕이면 상대를 격려하고 기쁘게 해주는 사랑의 맞장구에 대한 연습이 우리 모두에게 필요한 것 같습니다.

귀 기울이는
사랑

제가 진행하는 수업 중에 학생들에게 '누가 자신의 말을 제일 잘 들어 주는가'란 주제로 설문지를 돌린 일이 있는데, 대부분은 가족, 친구, 애인을 적었으나 꽤 많은 학생이 '나 자신'이라고 표현했습니다. 이는 나 아닌 남이 내 말을 온전하게 들어 주는 일이 어렵다는 것을 보여 주는 듯합니다. 또 잘 듣는 일을 방해하는 요인으로는 미움, 무관심, 편견, 선입견, 고정관념, 고집, 교만, 우월감, 자만심, 집중력 부족, 산만함, 나만의 생각에 빠져 듦, 텔레비전 등을 적어 냈습니다.

　매일의 삶에서도 우리는 서로 상대방의 말을 건성으로 들어서 약속이 어긋나거나 예기치 않은 오해가 생기곤 합니다. 저도 한번은 어떤 분과 오후 3시에 만날 약속을 하고 그분에게 집에서 대략 1시 30분에 나오시면 되겠다고 했는데, 그분이 1시 30분부터 약속 장소에서 기다려 서로 어긋난 적이 있습니다.

또 한번은 제가 부산에서 광주 가는 고속버스 표 예매를 후배 수녀에게 부탁했는데, 그날 가려고 보니 그 표는 광주가 아니라 서울로 가는 광주고속 회사의 표였습니다. 후에 심부름해 준 이에게 물어보니 사정이 이랬습니다. "수녀님은 주로 서울에 출장을 가시니 메모를 보고도 얼른 입력이 안 돼 그만 서울로 가는 표를 산 거예요. 정말 죄송합니다."

어쩌다 친지들을 방문하면 텔레비전을 보느라 손님의 존재를 잊거나 그의 말을 정성껏 귀담아듣지 않는 경우도 보게 됩니다. 오랜만에 만나는 사람을 반가워하며 그의 말을 듣고 싶어 하기보다는 습관적으로 켜놓은 텔레비전 연속극에 눈길과 마음을 더 주는 듯한 인상을 받습니다.

중요한 일을 의논하기 위해 믿는 사람에게 도움을 청했을 때, "오늘은 시간이 없으니 다음에……"라고 대답하는 걸 들으면 문득 외로운 느낌이 들기도 합니다. 상대의 상황을 전혀 이해 못 하는 것은 아니지만, 그 '다음'이란 것이 진정 다시 오는 것인지, 나에게 도움이 필요한 것은 바로 '지금'인데…… 하는 생각이 드는 것이지요.

고운 마음 꽃이 되고 고운 말은 빛이 되고

아주 오래전 일이지만 암으로 고생하던 어느 사제가 병상에서 저의 방문을 원해 약속을 했다가 바쁜 일을 핑계로 취소한 적이 있습니다. 다음으로 미루던 중 그가 이미 세상을 떠난 사실을 알고 눈물을 흘리며 후회했으나 그의 이야기를 들어 줄 기회는 지상에서 다시 오지 않았습니다.

사람과 사람의 관계를 늘 '마지막 인사를 하듯이' 간절하고 애틋하게 이어간다면 말도 더욱 가려서 하게 되고 듣는 자세 또한 좀 더 진지하고 정성스러워지지 않을까 생각해 봅니다.

마주앉아 이야기를 하면서도 시선을 다른 곳에 두거나 집중하지 않는 태도, 계속 전화를 받거나 다른 일을 하는 모습을 지켜보는 일은 말하는 사람을 서운하게 만들고 어서 자리를 떠야겠다는 불안감을 갖게 합니다. 여럿이 모인 자리에서 어떤 이야기를 전달하는 동안 이쪽의 동의도 구하지 않고 갑자기 다른 쪽으로 화제를 돌리면 당황하고 무안한 느낌을 떨칠 수가 없습니다. 제가 누군가에게 한 말을 아주 다르게 잘못 전해 듣고 와서 불같이 화를 내는 친지 때문에 깊이 절망했던 순간도 있습니다.

이럴 땐 중간 역할을 잘못 한 사람도 원망스럽지만 제게 직접 알아보지도 않고 극단적인 말을 내뱉는 이가 더욱 야속하게 여겨지기도 합니다. 오랜 세월 고이 쌓아 온 우정이 잘못 들은 말 때문에 한순간에 무너지려는 위기의 순간을 체험하기도 합니다.

다른 사람의 말을 소중히 생각하고 잘 들어 주는 이의 모습은, 보는 것만으로도 아름답고 행복합니다. 저의 말을 잘 들어 준 이의 모습에 감동 받은 어느 날 저는 이렇게 적어 보았습니다.

항상 잘 듣는 이의 모습은 아름답습니다.
'그런 일이 있었군요!'
'제가 어떻게 도우면 좋을까요?'
저의 사소한 문제들도 유심히 귀 기울여 듣고 자신의 일처럼 염려하는 당신의 모습에 마음이 따뜻해지곤 했습니다. 해결의 길에선 아직 멀리 있어도 제 말을 잘 들어 준 것만으로도 이미 큰 위로가 되었습니다.

온몸과 마음을 집중해서 제 말을 들어 주는 당신의 모습에서 하느님의 사랑을 체험했습니다. 중간에 끼어들고 싶은 적이 없지 않았을 텐데도 저의 말을 하나도 가로막지 않고 끝까지 들어 준 당신의 인내에 감동하면서 저도 그리해야겠다고 다짐했습니다. 판단은 보류하고 먼저 들어 주는 사랑의 중요성을 다시 배웠습니다.

잘 듣는 것은 마음의 문을 여는 것, 기다리고 이해하고 신뢰하는 것, 편견을 버린 자유임을 배웠습니다. 필요 이상으로 말을 많이 하고 주제넘게 남을 가르치려고 한 저의 잘못이 떠올라 부끄러웠습니다. 소리로서의 말뿐 아니라 저의 사소한 행동과 상황에도 민감하게

고운 마음 꽃이 되고 고운 말은 빛이 되고

귀 기울이며 제가 해야 할 바를 넌지시 일러 주는 당신 덕분에 행복했습니다.

잘 들어 주는 이가 없어 외로운 이들에게 저도 당신처럼 정성스런 사랑의 벗이 되고 싶습니다. 이렇듯 선한 갈망을 갖게 해주신 당신에게 늘 새롭게 감사드럽니다.

따라 쓰며 마음에 새기는 詩 ④

듣기

귀로 듣고
몸으로 듣고
마음으로 듣고
전인적인 들음만이
사랑입니다

모든 불행은
듣지 않음에서 시작됨을
모르지 않으면서

잘 듣지 않고
말만 많이 하는
비극의 주인공이
바로 나였네요

아침에 일어나면
나에게 외칩니다

들어라
들어라
들어라

하루의 문을 닫는
한밤중에
나에게 외칩니다

들었니?
들었니?
들었니?

고운 마음 꽃이 되고 고운 말은 빛이 되고

기분 좋은 상징어를
자주자주

아침에 일어나 어떤 음식을 만들까, 무슨 옷을 입을까 궁리하듯이 우리의 언어생활에도 나름의 계획과 디자인이 필요합니다. '구슬이 서 말이라도 꿰어야 보배'라는 말이 있듯이, 아무리 좋은 말의 구슬이 널려 있어도 우리가 그것을 잘 엮어서 쓸 때에만 빛이 나겠지요.

일상에서 말을 할 때에도 이왕이면 '기분 좋은 상징 언어'들을 자주 사용하면 어떨까요. 매순간 그럴 필요는 없겠지만, 어쩌다 사용하는 시적이고 상징적인 언어들은 사람의 마음을 부드럽게 하고 기분 좋게 합니다.

늘 마음씀씀이가 어질고 너그러운 이에게 그냥 '맘씨가 좋으세요', '호인이세요'라고 할 수도 있지만, '어쩌면 그렇게 맘씨가 비단결 같으세요', '바다를 닮은 마음이세요' 하고 말을 건넸을 때 상대방이 더 기뻐하는 걸 본 적이 있습니다.

목소리가 맑고 아름다운 이에게 '목소리가 좋아요' 하는 평범한 표현 대신 '마치 노래를 듣는 것 같아요', '음성이 예술입니다'라고 말해 보고, 얼굴이 아름다운 여성에게는 단순히 '미인이세요' 하기보다는 '장미 한 송이를 보는 것 같아요'라고 해봅니다. 박학다식한 이에겐 '모르는 게 하나도 없으시네요' 하기보다 '마치 움직이는 백과사전 옆에 있는 느낌이에요'라고 표현해 봅니다.

요즘 저는 만나는 이들에게 곧잘 꽃이나 나무나 보석 이름으로 별칭을 붙여 주곤 하는데, 다들 즐거워하면서 때로는 자신의 이미지와 상관없이 더 곱고 예쁜 이름을 지어 달라고 조르기도 합니다. 그럼 어떤 이름을 받고 싶은지 먼저 말해 보라고 한 뒤, 제가 느낀 점과 절충해서 결정을 볼 때도 있지요.

우리 수녀원 암 투병 환자들의 작은 모임을 '찔레꽃'이라고 이름 지은 후로 서로를 지칭할 때 자연스럽게 '찔레꽃 수녀'라고 부르니 그냥 '암 환자'라고 하는 것보다는 기분이 좋습니다. 가끔 우리 수녀님들이 외부에 저를 소개할 때 '유명한 사람'이라고 하면 쑥스럽지만, '우리 집의 보배'라고 하면 부끄러운 중에도 기쁨이 스며듭니다.

고운 마음 꽃이 되고 고운 말은 빛이 되고

저 역시 다른 이를 소개할 때 그런 표현을 더 자주 사용하려고 노력합니다.

상징 언어를 사용하기 위해서는 국어사전을 곁에 두고 자주 펼쳐 보며 공부하는 노력을 해야겠지요. 은유와 직유법으로 가득한 여러 시인의 시집들도 찾아 읽으면서 우리말의 아름다움에 맛 들이는 노력 또한 필요할 것입니다.

사전 속에 묻혀 있는 상징 언어들을 일상의 삶으로 끌어내어 사용해 주기를, 그 낱말들 역시 기다리고 있을 것만 같습니다. 여러분의 가슴에, 노트에, 일기장에 푸른 하늘을 닮은 표현들을 많이 채워 넣으세요. 그리고 시인이 된 마음으로 꿈과 사랑과 희망이 담긴 뜻 깊은 언어들을 여러분의 가족, 친구, 이웃에게 건네 보시기 바랍니다.

편지를
써요

기온이 떨어져 마음마저 춥게 느껴지는 겨울, 어느 수녀는 부산 광안리 바닷가에 나가 가출 소녀들을 데려다 보살피는 일을 하고, 어느 수녀는 무료 급식소에서 열심히 밥을 지어 노숙자들을 대접하며, 또 어느 수녀는 지체 장애인 맞벌이 부부의 자녀와 무의탁 노인들을 보살피느라 여념이 없습니다. 어려움을 무릅쓰고 이웃 사랑에 헌신하는 그들의 모습이 존경스럽습니다.

저는 그렇게 큰일은 못하지만 시간 나는 대로 부지런히 편지 쓰는 일을 통해 작지만 소박한 이웃 사랑을 실천하고자 합니다. 아주 특별한 경우가 아니면 전화보다는 편지나 엽서로 감사, 위로, 축하

고운 마음 꽃이 되고 고운 말은 빛이 되고

의 표현을 하기로 마음을 굳혔습니다. 불쑥 전화로 급히 말하는 것
보다는 애송시라도 적어 마음을 전하는 것이 훨씬 더 따뜻하고 정감
있게 여겨지기 때문입니다. 전화는 상대와 시간이 맞지 않으면 허탕
을 치기도 하니 아예 편지로 대신하면 여유 있고 편합니다.

저는 우리 수녀원 마당 옛 유치원 자리에 자그마한 '편지글방'을
하나 차려 놓고 다양한 계층의 사람들이 보내오는 사연들을 분류해
짧게라도 답을 해주려고 애씁니다. 제게 편지는 수도원과 세상을 이
어 주는 다리 역할을 해주고 자칫 좁아지기 쉬운 경험의 폭과 시야
를 넓혀 주는 창문이 되어 줍니다.

여행을 할 때도 색연필, 편지지, 고운 스티커 등의 편지 재료들을
갖고 다니다 보니 가방이 가벼울 때가 없습니다. 급할 땐 저도 가끔
팩스나 이메일을 이용하지만, 번거롭더라도 겉봉에 주소를 쓰고 우
표를 붙이는 정성스러운 기쁨과는 비할 수가 없습니다.

"편지 쓰기가 지니는 장점은 우정을 한결 실감 나게 만들고 돈독
하게 다져 준다는 데 있다. 편지를 쓰다 보면 친구들을 위해 바치는
기도가 훨씬 구체적인 것이 된다는 사실도 내가 알아 낸 것 중의 하
나다"라는 헨리 나웬 신부의 말에 깊이 공감하면서 오늘도 편지를
읽고 씁니다.

수능이 얼마 안 남아 너무 초조하다고 호소해 온 고3 남학생들

에게, 병상에 누운 남편 뒷바라지에 지쳐 50 평생 처음으로 그림 속의 바다가 아닌 실제 바다를 꼭 한 번 보는 것이 소원이라는 어느 주부에게, 자살하려고 약을 먹던 소녀 시절 제가 보낸 한 통의 편지에서 큰 힘과 용기를 얻었다며 10년 만에 소식을 보내온 독자에게, 그리고 북한의 경수로 건설현장에서 간절한 기도를 부탁하며 별빛 가득한 편지를 보내온 미지의 근로자에게 저는 얼굴도 모르지만 정겨운 사랑의 편지를 쓰려 합니다.

마른 꽃잎과 단풍잎, 우리의 현실을 요약한 재미있는 만화도 신문에서 몇 개 오려 넣어야지…… 편지를 받고 기뻐할 이들의 모습을 생각하면 절로 미소가 떠오릅니다.

그동안 바쁘다고 미루어 둔 감사와 사랑, 용서와 화해의 편지를 써보는 건 어떨까요. 일주일에 한 번쯤은 텔레비전도 끄고 스마트폰도 내려놓은 채 조용한 공간에서 고요한 마음으로 진실과 아름다움이 넘쳐나는 편지를 써보세요. 그리하면 바쁘고 고달프고 외로운 중에도 우리 삶에 따뜻한 등불 하나가 켜질 것입니다.

편지 쓰기

나는 악기를 다루듯이
편지를 씁니다
어떤 사람에겐
피아노나 풍금의 언어로 이야기하고
어떤 사람에겐
첼로나 바이올린의 언어로 이야기하고
또 어떤 사람에겐
가야금이나 거문고의 언어로 이야기하죠
글에도 음악이 흘러 아름답습니다
받는 이들은 행복하답니다

오늘의
고운 말 연습

수도원 밖에서 특강 요청이 오면 저는 곧잘 언어생활에 대한 이야기를 하곤 합니다. 그러다 가끔 우리가 하는 곱지 못한 말들을 그대로 흉내 내면 듣는 이들 모두 큰 소리로 웃으며 재미있어 합니다.

일상의 언어는 습관에 따라 형성되기에 아예 처음부터 잘 길들이고 가꾸지 않으면 바로잡기가 점점 힘들어집니다. 말실수를 줄이기 위해서는 속으로 미리 연습하고 말하는 노력이 필요합니다. 처음엔 좀 번거롭게 여겨져도 계속 연습하다 보면 이내 익숙해져서 나중엔 오히려 즐거워집니다. 그리고 어느 상황에서 어떤 표현이 도움이 되는지를 체험으로 알게 되는 기쁨이 있습니다. 저도 실수할 때가

고운 마음 꽃이 되고 고운 말은 빛이 되고

많지만, 그래도 상처 대신 사랑을 전하는 언어의 주인이 되고자 평소에 제가 연습하는 것들을 몇 가지 소개합니다.

- 어떤 사람이 이야기할 때는 귀 기울여 듣는다는 것을 알리기 위해 '그러셨어요?' '오, 그랬군요!' '세상에!' '저런!' 하고 이따금 맞장구치는 것을 잊지 않습니다. 남이 열심히 이야기하는데 아무 말도 하지 않으면 상대방이 무안해질 테니까요.

- 자신에 대한 평판 중 칭찬을 들을 땐, '감사합니다. 다 염려해주신 덕분이지요' '그렇게 말씀해 주시니 영광입니다' 하면 되고, 충고하는 말을 들을 땐, '죄송합니다. 앞으로는 유의할게요' '하기 어려운 말을 해주셔서 감사합니다'라고 합니다.

- 누가 틀린 정보를 계속 고집할 적에는 '무슨 말씀이세요? 절대 그게 아니라니까요'라고 말하기보다는, '혹시 착각하신 것 아닐까요?' '저는 그게 아닌 것으로 알고 있는데요' 정도로 겸허하게 표현하는 게 대화에 도움이 됩니다.

- 특정한 사람과 관계의 어려움을 겪고 있는 이에게는 그 대상의 이름을 구체적으로 들먹이며 '○○ 때문에 어렵지요?'라고

하기보다는 그냥 '요즘 매우 힘드시지요?' '덕 쌓을 일이 많으시지요?' 하고 말을 건네고, 위로의 뜻을 전할 때도 '신경 끄세요' 대신 '안심하세요' '마음 놓으세요' '잘되도록 기도할게요'라고 하면 한결 부드럽지 않을까요?

• 자리에 없는 이를 험담하는 것이 듣기 거북할 때는, '우리가 못마땅해하는 점이 그 사람의 전부는 아니잖아요' '그 사람에겐 또 다른 좋은 면이 있잖아요' '우리도 부족한 사람이니 이젠 그만 하고 다른 이야기 합시다' 하고 적당히 화제를 돌리는 용기가 필요합니다.

• 예기치 않은 상황에 맞닥뜨리거나 억울한 일을 당해 화가 치밀 때는 '환장한다' '죽겠다' '돌아가시겠다' '기절하겠다' '화 딱지 난다' '신경질 난다' '열 받는다' '혈압 오른다' '뿔따구 난다' 등등의 말을 삼가고, '더 이상 못 참겠네요' '큰일이에요' '보통 일이 아니에요' '너무 심하단 말이에요'라는 표현으로 푸념하면서 마음을 진정시킵니다.

• 갑작스런 사별의 슬픔에 잠긴 이들에게는 무조건 '주님의 뜻' 운운하며 신앙적인 설교를 앞세우기보다 '무어라 드릴 말씀이

고운 마음 꽃이 되고 고운 말은 빛이 되고

없네요' '하느님도 무심하시지' '어쩌다 이런 일이……' 등 슬
픈 사람의 입장을 충분히 헤아려서 말을 하거나, 마땅한 말이
떠오르지 않으면 조용히 손을 잡아 주는 게 더 낫습니다.

• 다른 이의 인격을 비하하는 표현이나 점잖지 못한 말은 삼갑
니다. '제까짓 게' '그까짓 게' '구제불능' 등의 표현이나 '웃기
네(웃기고 앉았네, 웃기고 자빠졌네)' '김샜네' '뽕갔다' '방방
뜨네' '뻔할 뻔 자야' '쪽팔리네' '별꼴이 반쪽이야' '미치고 팔
짝 뛰겠다'라는 말들은 무심결에라도 입에 담지 않으며, '나는
해피하다' '베스트를 다했다' '두 가지 입장이 짬뽕이 되었다'
는 식으로 국적 없이 혼합된 말들을 삼가려고 애씁니다.

• 친한 사이라도 외모의 어떤 부분을 구체적으로 지적해서 말하
는 인사는 실수하기 쉬우니 자제합니다. 상대가 건강하고 좋
아 보일 적엔 '모습이 참 좋아 보이시네요!', 안 좋아 보일 적
에는 '무슨 근심이라도 있으신가요?' '매우 피곤해 보이시네
요' 등의 표현을 쓰도록 합니다.

• 사람이나 사물에 대해서 '싫다' '좋다'는 표현을 성급히 쓰지
않도록 하고 비교급의 말, 단정적인 말을 함부로 하지 않도록

유의합니다. 싫은 음식에 대해서도 '이건 맛이 없고' '딱 질색이고' 등의 표현은 삼가고 '전 웬일인지 이 음식은 썩 즐기지 않는 편이라서요' 정도로 말해 보면 어떨까요.

• 처음 보는 사람에게 호기심 가득한 질문을 한꺼번에 퍼붓지 않도록 하고, 내가 그런 상황에 처했을 때는 곧바로 불쾌감을 드러내지 않고 '차차 아시게 되겠지요' 정도로 웃어넘깁니다.

• '내가 아니면 안 되는 일'이라느니 '내가 무얼 하는지 아무도 모를 거야' 등 자신이 수고한 일에 대해 은근히 광고하거나 습관적인 푸념을 해서 선행의 향기가 날아가지 않도록 합니다.

• 겸양의 뜻을 담아 자신을 가리킬 땐 '내가' 대신 '제가'로 말하고, 아무리 나이가 어린 사람에게도 존칭어를 쓰는 연습을 합니다. 학생이나 어린이의 이름을 부를 적에는 '-야!'라고 하지 말고 "○○이?" 하며 끝을 올려 명랑하게 불러 줍니다.

• 하루의 일이 잘 안 풀려 속상할 적에도 '재수 없다'는 말보다는 '오늘은 좀 이상한 날이네요' 정도로 표현하고, 기분이 나쁠 때에도 '기분이 더럽다' '지겨워' 등의 말보다는 '마음이 안 좋아

고운 마음 꽃이 되고 고운 말은 빛이 되고

요' '좀 언짢은 느낌이에요'로 자제해서 말하려고 애씁니다.

• 주의사항을 적는 표지판이나 알림판에 무언가를 쓸 때에도 주위의 반응을 물어보고 결정하는 섬세한 정성이 필요합니다. 예를 들어 '출입 절대 엄금'이라는 말보다는 '출입을 삼가해 주세요' '출입 제한'은 어떠냐고 제시해 봅니다. 행사장에서는 '꽃다발 사절'보다는 '꽃다발은 받지 않습니다' '꽃은 마음으로 대신해 주세요'라고 하는 것이 좀 더 부드럽게 여겨집니다.

우리가 잘하려고 마음만 먹는다면 아주 사소한 부분에서부터 실천해야 할 것들이 많은 게 일상의 언어생활입니다. 우리 모두 고운 말 수첩을 만들어 매일매일 고운 말을 찾아 적고, 꾸준히 연습하다 보면 진정 고운 사람이 되지 않을까요?

오늘은 '고운 말 쓰기'로 5행시를 만들어 수첩에 적어 봅니다.

고 _ 운 말을 골라 써야 고상한 사람 되지요

운 _ 치 있는 우리말을 꾸준히 써가노라면

말 _ 의 향기 널리 퍼져 세상은 꽃밭 되지요

쓰 _ 지 말죠 속어비어 극단적 부정적인 말

기 _ 품 있는 사랑의 말 다 함께 갈고닦아요!

스스로 채워 가는 고운 말 수첩

오늘 하루 수집한 고운 말들을 적어 보세요.

2장.

비우고 씻기는
신앙의 말

말의 씨앗이 되는 마음

밝은 마음
밝은 말씨

겨울의 주일 오후, 제 자그만 방에서 창문으로 쏟아져 들어오는 밝은 햇빛을 온몸에 받고 앉아 있으면 행복합니다. 지난 몇 년 동안 어둡고 그늘진 지하의 방에 머물다가 얼마 전부터 햇볕이 잘 드는 방으로 옮겨 오니 제 마음까지도 밝고 따스해지는 듯 기쁩니다. 전에는 그저 무심히 받아 온 한 줌의 햇볕, 한 줄기의 햇살도 예사롭지 않은 큰 축복으로 여겨집니다.

한 줄기 따스한 햇살이 어둠을 밝혀 주고 추위를 녹여 주듯이, 한 마디의 따스한 말이 마음의 스산한 어둠을 밝혀 주고 고독의 추위를 녹여 준다는 사실을 오늘도 새롭게 기억하면서, 또 한 번의 새해가

고운 마음 꽃이 되고 고운 말은 빛이 되고

내미는 하얀 종이 위에 '밝은 마음, 밝은 말씨'라고 적어 봅니다.

요즘 제가 가장 부럽게 생각하는 사람은 어떤 경우에도 밝은 표정, 밝은 말씨를 지녀 옆 사람까지도 밝은 분위기로 이끌어 줄 수 있는 사람입니다. 직접 만나거나 전화로 이야기를 나눌 때 한결같이 밝은 음성으로 정성스럽고 친절한 말씨를 쓰는 몇 사람의 친지를 알고 있습니다. 때로는 그가 몹시 어려운 처지에 놓여 있음을 이쪽에서 훤히 알고 있는데도 여전히 밝고 고운 말씨인 걸 들으면 무슨 특별한 비결이라도 있느냐고 묻고 싶어지기도 합니다. 그러한 말은 마치 노래와 같은 울림으로 하루의 삶에 즐거움과 활기를 더해 주고 맑고 향기로운 여운으로 오래 기억됩니다.

상대가 비록 마음에 안 드는 말로 자신을 성가시게 할 때조차도 그가 무안하지 않도록 적당히 맞장구치며 성실한 인내를 다하는 이들을 보면 참으로 존경스럽습니다. 자기 자신의 기분보다는 오히려 상대방의 기분을 먼저 헤아리고 배려하는 사랑의 마음이 느껴지는 말씨, 이기심과는 거리가 먼 인정 가득한 말씨는 우리에게 언제나 감동을 줍니다.

자기가 속상하고 우울하고 화가 났다는 것을 핑계로 우리는 얼마나 자주 퉁명스럽고 불친절한 말씨로 주위 사람들까지도 우울하고 힘들게 하였던가요. 다른 이들에게 충고한다면서 냉랭하고 모진

말로 지울 수 없는 상처를 준 적은 또 얼마나 많았던가요. 이러한 잘
못을 거듭해 온 저 자신의 모습을 돌아보며 새삼 부끄러워집니다.
금방 후회할 줄 알면서도 생각 없이 함부로 말을 내뱉은 날은 내내
불안하고 잠자리도 편치 않았던 것을 여러 차례 경험하였습니다. 뜻
깊고 진지한 언어보다는 가볍고 충동적인 지껄임과 경박한 말장난
이 더 많이 난무하는 듯한 요즘 시대를 살면서 마음을 정화시켜 줄
고운 말, 밝은 말, 참된 말이 참으로 그리워집니다.

겉으론 긍정적인 것 같으면서도 보이지 않는 가시가 숨어 있거
나 교묘한 위선의 그늘이 느껴지는 이중적이고 복잡한 말이 아닌 단
순하고 투명한 말씨, 뒤끝이 없는 깨끗한 말씨를 듣고 싶습니다. 어
린이처럼 맑고 밝은 마음, 고운 마음을 지니고 살고자 노력하면 매
일 쓰는 말씨 또한 조금씩 더 맑고 밝고 고와지리라 믿습니다.

늘 사랑의 빚을 지고 사는 친지들에게 자그만 선물이라도 보내
고 싶어 두리번거리는 제게 유리창을 뚫고 들어온 한 줄기 햇살이
가만히 속삭여 줍니다.

'친절한 말 한마디가 값진 선물보다 더 낫지 않느냐?'

(집회서 18:17)

고운 마음 꽃이 되고 고운 말은 빛이 되고

푸념과 한탄의 말을
줄여 보세요

봄은 우리에게 다시 한 번 시작할 용기를 선물하는 고마운 계절입니다. 학교에 입학하거나 새 직장에 출근하는 사람들이 마음 설레며 새로운 다짐을 하는가 하면, 그동안 길고 긴 마음의 겨울을 견뎌 내고 기쁘게 일어서려는 사람들이 희망의 기운을 한껏 피워 올립니다.

그런데 이런 희망의 싹이 잘 자라도록 북돋워 주는 봄 햇살 같은 말이 있는가 하면, 꽃샘추위처럼 기운을 한풀 꺾는 말이 있지요. 나에게도 남에게도 도움이 되지 않는 푸념과 한탄과 불평의 표현은 자제하는 것이 좋겠습니다.

"사는 게 별거 있나요." 사람들이 무심코 쓰는 말 중에 제가 참 싫어하는 표현입니다. 심지어는 "죽지 못해 살지요", "딱 죽고 싶은 심정이에요"라고 말하기도 합니다. 그런가 하면 다음과 같은 푸념을 끝없이 늘어놓기도 하지요.

다 소용없다, 내가 어쩌다 누구 때문에 이리되었나, 내가 수고하는 건 아무도 모른다, 김이 샜다, 난 찬밥이야…….

이처럼 애써 선한 일을 다 해놓고도 그 향기가 싹 달아나게 하는 말을 하지 않으면 좋겠습니다. 악의는 없지만 가족 사이에서도 속상하면 부정적인 푸념을 많이 하곤 합니다. 식구들에게 인정받고 싶은 일종의 공치사라고 할까요. 하지만 이왕 수고한 김에 자기 노력에 대해서 침묵하고 남을 원망하지 않는 것 또한 우리가 쌓아 가야 할 훌륭한 덕목 중 하나가 아닐까 합니다.

정 푸념을 하고 싶다면, 그 푸념을 다른 사람이 아닌 나에게로 돌리는 게 어떨까요. 감사하면서 살아야 하는데 감사가 잘 안 된다든가, 마음처럼 기도가 잘 안 된다든가, 사는 게 통 재미가 없는데 아마도 내 탓인 것 같다든가……. 그렇게 나 자신의 탓으로 돌리고 남을 탓하는 일은 삼갔으면 좋겠습니다.

"요즘 일이 잘 안 되는 걸 보면 주님이 내 신앙을 시험하시는 것 같아요." 어떤 분이 이렇게 말하는 것을 듣고 그분이 더욱 성숙하게 보였습니다. 누구를 미워하는 마음이 들 때에도 '난 저 사람만 보면 먹은 게 다 올라오려고 그래'라고 표현하는 것과 '저 사람만 보면 왜

고운 마음 꽃이 되고 고운 말은 빛이 되고

마음의 평화가 깨지는지 모르겠어'라고 말하는 건 차원이 다르지요. 누군가에게 불만이 생길 때 '참 사랑하기 힘들다' 정도로 표현해 보는 건 어떨까요.

'건강한 사람이 아픈 사람의 심정을 어떻게 알아요?' '만사가 다 귀찮다니까요!' 등 몸과 마음이 아플 때는 다양한 푸념의 말이 더 많이 나오는데, 무심결에라도 이런 표현을 하지 않도록 노력해야지 다짐하며 저는 어느 날 수첩에 이렇게 적어 보았습니다.

바꾸어 말해 보기.

습관적인 푸념이 나오려고 할 때는 '오늘은 바람이 많이 불지요?' '참 포근한 날씨지요?' 얼른 날씨 이야기로 주제를 바꾸는 것도 좋을 듯해요.

나 중심적인 한탄의 표현이 나오려고 할 때는 '어쩌면 그렇게 기억력이 좋으세요?' '남을 배려하는 따뜻함과 섬세함이 돋보이세요!' 바로 앞에 있는 사람의 장점을 찾아 말해 주다 보면 금세 분위기가 밝아질 거예요.

불평의 말을 쏟아놓고 싶을 때는 '당연한 것을 감사하는 법부터 배워야겠어요' '감사하면 할수록 더 감사할 게 많아지는 것이 바로 감사의 기적이겠지요?' 내 마음의 서랍에 저장했다 잠시 잊고 있던 감사의 표현을 불러오면 슬그머니 불평이 사라질 테지요.

나를 기쁘게
하는 것들

새해나 새봄을 맞으며 '행복하세요!', '기쁘고 즐거운 시간 보내세요!', '좋은 일만 가득하시기를!' 하는 덕담을 수도 없이 듣습니다. 새해를 맞으며 제가 결심한 것 중 하나는 하루 한 순간을 소중히 여기며 작은 기쁨들을 많이 만들자는 것입니다. 결심하고 다짐한다고 해서 기쁨이 오는 것일까 반문할지 모르지만 의식적으로 노력하다 보면 참으로 많은 기쁨들이 여기저기서 달려오는 것을 봅니다.

아침에 눈을 뜨면 아직 내 심장이 뛰고 있고 숨을 쉬는 것에 대하여 새롭게 감사하고 기뻐합니다. 기도 시간에 기억할 사람이 많은 것도 새롭게 기뻐하고, 식탁에서는 소박한 상차림이지만 하루 세 끼

고운 마음 꽃이 되고 고운 말은 빛이 되고

굶지 않고 먹을 수 있는 은혜를 또 새롭게 기뻐합니다.

마주 앉거나 옆에 앉은 동료가 지니고 있는 나와 다른 점을 재미있게 받아들이며 기뻐합니다. 일터로 향하며 하늘과 바다를 볼 수 있는 것도 새롭게 기뻐합니다. 짬짬이 좋은 책을 읽거나 음악을 듣고 산책도 할 수 있는 휴일의 시간을 늘 처음인 듯 설레며 기뻐합니다. 예기치 않게 찾아오는 손님들이 더러는 저를 힘들게 하여도 이 만남을 통해 어떤 숨은 뜻을 알아듣고 배울 수 있지 않을까 긍정적으로 받아들이며 기뻐합니다.

마음에 드는 사람만 사랑하는 것은 누구나 할 수 있지요. 그러나 자기 마음에 안 들고, 성격도 안 맞고, 하는 일마다 못마땅하게 생각되는 어떤 사람을 진심으로 이해하고 받아들이는 노력을 해서 그것이 사랑으로 변할 수 있다면 참으로 아름다운 승리가 아닐까요? 저는 이제 조금 알 것 같습니다. 때로는 내 맘에 안 드는 사람을 진정으로 환대하고 받아들일 때 서로 막혀 있던 통로가 트이고, 조그만 사랑의 기적이 일어날 수 있음을……. 그리고 이 기쁨은 그 무엇과도 바꿀 수가 없음을…….

저는 수도자의 신분이다 보니 여행길에서도 종종 사람들로부터 축복기도를 해달라는 부탁을 받곤 하는데, 이제는 무조건 못 한다고 피할 것이 아니라 아주 평범하고 간단한 표현이라도 하려고 마음먹습니다. 대학에 입학했거나 갓 결혼한 이들에겐 새 출발의 기쁨을, 아픈 이들에겐 치유의 소망을, 여행하는 이들에겐 안전한 귀가를 기원하는 말을 해주면 될 것입니다.

며칠 전 모처럼 높은 산에 올라갔습니다. 사람들이 함부로 쓰레기를 버리는 자리에 주의사항 두 개가 붙어 있는데, 한 곳에는 "열 사람이 줍기보다 한 사람이 안 버리기!"라고 쓰여 있고, 또 한 곳에는 "마음의 찌꺼기만 버리고 가십시오"라고 쓰여 있었습니다. 어느 절에는 "아니 온 듯 다녀가시옵소서"라고 적혀 있다더니……. 단순히 '쓰레기를 버리지 마시오!', '엄벌에 처함!'이라고 하는 것보다는 얼마나 정겹고 따뜻한 표현인가요.

근래 우리 집에 오신 한 사제께서 누구의 재능과 장점을 말할 때면 꼭 "그분의 좋은 점은 우리를 위해서도 특별한 선물이지요"라고 하시는데, 그 표현이 따뜻하고 좋았습니다. 저도 사람들을 만나면 언제나 격려하고 위로하고 희망을 주는 축복의 말을 해주어야지 다짐해 봅니다.

좋은 말, 긍정적인 말, 밝은 말을 더 많이 하고 사는 하루하루가 되길 기도합니다. 입만 열면 다른 이를 비방하는 이들이 있는가 하면, 입만 열면 다른 이의 좋은 점을 말하며 비난보다는 격려의 말을 하고, 누가 험담을 할라치면 오히려 덮어 주거나 변명해 주려고 애쓰는 이들도 있습니다.

고운 마음 꽃이 되고 고운 말은 빛이 되고

한마디의 친절한 말은 의기소침한 사람들에게 격려를 준다. 그리고 잔인한 말은 다른 사람들로 하여금 무덤에 가는 날까지 흐느껴 울게 만든다.

-풀톤 쉰 주교(Bishop Fulton J. Sheen)의 어록 중에서

실없이 칭찬하면 말이 무게를 잃는다. 근거 없이 비방하면 비난이 내게로 돌아온다. 지위가 높은 사람의 한마디는 아랫사람의 인생을 들었다 놓았다 한다. 좋은 말도 가려서 하고, 충고도 살펴서 하라. 무심코 던진 한마디가 비수가 되어 박힌다. 뜻 없이 한 행동이 걷잡을 수 없이 커진다. 말과 행동이 사려 깊지 못해 원망을 사고 재앙을 부른다.

-다산 정약용의 어록 중에서

비가 온 뒤도 아닌데 아침에 쌍무지개가 뜨니 침묵해야 하는 수도원 복도에서 다들 환호성을 지르며 야단입니다. 혼자 보기 아깝다며 다른 이들을 부르고, 즐겁게 웃고……. 아름다움은 우리를 묶어주는 힘이 있습니다. 비 내린 뒤에 다시 보는 눈부신 햇빛, 나뭇잎을 스치는 바람 소리에 종종 눈물이 날 때가 있습니다.

날마다 새롭게 감탄하면서 즐기고, 즐기면서 감탄합니다. 정원에 나가 봄을 준비하는 꽃나무들에게도 인사해야겠습니다.

비우고 씻기는 신앙의 말

작은 기쁨

사랑의 먼 길을 가려면

작은 기쁨들과 친해야 하네

아침에 눈을 뜨며 / 작은 기쁨을 부르고

밤에 눈을 감으며 / 작은 기쁨을 부르고

자꾸만 부르다 보니

작은 기쁨들은

이제 큰 빛이 되어 / 나의 내면을 밝히고

커다란 강물이 되어 / 내 혼을 적시네

내 일생 동안 / 작은 기쁨이 지어준

비단 옷을 차려입고

어디든지 가고 싶어

누구라도 만나고 싶어

고맙다고 말하면서

즐겁다고 말하면서

자꾸만 웃어야지

고운 마음 꽃이 되고 고운 말은 빛이 되고

고마움
새롭히기

작은 일에도 항상 고마워하는 이들을 만나면 제 마음도 밝고, 따스하고, 흐뭇해집니다. 그러나 매사를 부정적으로 보고, 고마움보다는 불평과 비난의 말이 습관적으로 먼저 튀어나오는 사람들을 대하면 제 마음도 답답하고 우울해집니다. 감사할 줄 아는 이들의 표정은 따뜻하고 부드럽지만 감사할 줄 모르는 이들의 표정은 오만하고 차갑고 뻣뻣합니다.

매일 반복되는 하루 일과 속에서 무심히 잊고 지냈거나 극히 당연하다고만 생각하던 것들의 고마움을 새롭게 되새겨 보면 우리의 삶이 좀 더 활기차고 풍요로워지지 않을까요. 우리 모두 일상에서

'고마움 새롭히기' 운동을 기꺼이 실천해 보면 좋겠습니다.

1. 내게 고맙게 한 사람들과 상황들을 더 자주 새롭게 생각하기
2. 나의 이웃에겐 늘 고마운 사람이 될 수 있도록 힘쓰기
3. '고맙습니다', '감사합니다'라는 말을 더 많이 사용하기

'고마움 새롭히기'를 꾸준히 실천하다 보면 어느새 불평과 원망도 줄어들고 고마움만 가득한 사람이 되어 있지 않을까요. 바쁘고 힘든 일상 속에서도 고마움을 새롭게 떠올리는 일이야말로 기쁨의 꽃씨 하나를 가슴에 묻는 일이요, 행복의 문으로 들어가는 첫걸음일 것입니다. 새로 돋는 풀잎처럼 우리의 마음에도 늘 고마움이 자리하길 바라며, 젊은 나이에 세상을 떠난 일본의 의사 이무라 가즈키요가 《종이학》이란 책에 남긴 시 〈당연한 일〉을 다시 읽어 봅니다.

왜 모두 기뻐하지 않을까
당연하다는 사실들
아버지가 계시고 어머니가 계시다
손이 둘이고 다리가 둘
가고 싶은 곳을 자기 발로 가고
손을 뻗어 무엇이든 잡을 수 있다

고운 마음 꽃이 되고 고운 말은 빛이 되고

소리가 들린다

목소리가 나온다

그보다 더한 행복이 어디 있을까

그러나 아무도 당연한 사실들을 기뻐하지 않아

'당연한 걸' 하며 웃어버린다

세 끼를 먹는다

밤이 되면 편히 잠들 수 있고 그래서 아침이 오고

바람을 실컷 들이마실 수 있고

웃다가 울다가 고함치다가 뛰어다니다가

그렇게 할 수 있는 모두가 당연한 일

그렇게 멋진 걸 아무도 기뻐할 줄 모른다

고마움을 아는 이는 그것을 잃어버린 사람들뿐

왜 그렇지 당연한 일

감탄사가
그립다!

얼마 전 서울에서 부산으로 내려오는 기차 안에서 차창 밖으로 보이는 풍경이 하도 아름다워 저도 모르게 눈물이 핑 돌았습니다. 초록빛 산과 들, 고요한 강도 아름다웠지만 하늘에 펼쳐진 저녁노을이 장관이어서 저는 속으로 탄성을 질렀습니다. 할 수만 있다면 벌떡 일어나 "여러분, 저기 저 노을 좀 바라보세요. 사라지기 전에 어서요!" 하고 큰 소리로 외치고 싶은 심정이었지요.

인터넷이나 가상현실 속에서 하루에도 몇 번씩 놀랍고 신기한 것들을 접하는 우리는 정작 감탄하고 놀라워해야 할 일에는 무디어진 것 같습니다. 좋은 것을 보아도, 아름다운 것을 느껴도 그저 당연

고운 마음 꽃이 되고 고운 말은 빛이 되고

하게 받아들이는 세상이기에 때론 좀 호들갑스럽게 여겨지더라도 감탄사를 연발하는 사람들이 그리울 때가 있습니다.

사소한 일에도 "어머나!", "어쩌면!", "세상에!" 하는 감탄사를 연발하며 표정이 환해지는 그런 사람들은 무미건조한 일상에 활력을 불어넣어 주고 옆 사람까지 유쾌하게 만들지요. 독자나 친지들이 정성스레 마련한 멋진 선물을 받고도 감탄사가 인색해 상대를 실망시킨 경험이 제게도 있습니다. 반대로 저 역시 그런 경험을 하고서 엷은 슬픔과 허무의 감정에 젖어 들기도 했지요.

제 어머니는 매우 과묵한 편이었지만 감탄사의 여왕이기도 하셨습니다. 한번은 제가 시장에서 산 꽃무늬 여름 이불을 하나 선물하니 "원 세상에! 이렇게 예쁜 이불도 다 있네. 잠이 저절로 올 것 같다!"며 기뻐하셨지요. 50여 년 만에 찾은 제 어린 시절의 소꿉동무와 전화 연결을 시켜 드렸을 때는 "정말 반갑네! 하도 오랜만이라 마치 죽음에서 부활한 사람을 만난 느낌이 다 드는구나" 하셨습니다.

어머니의 증언에 따르면, 제가 한창 재롱부리던 아기 적엔 하도 "좋다, 좋다" 손뼉을 치며 즐거워해서 집에 오는 손님들이 "넌 만날 무에 그리 좋으냐?"며 '좋다'라는 별명을 붙인 그 아기를 서로 먼저 안아 주려고들 했다고 합니다.

어린 시절의 그 밝고 긍정적인 감탄사를 다시 찾아 제 남은 날들을 더 행복하게 가꾸어 가야겠습니다. 불평을 감사로, 무감동을 놀

라움으로 바꾸어 날마다 희망의 감탄사가 끊이지 않는 '좋다' 수녀
가 되리라 마음먹으며 활짝 웃어 봅니다.

따라 쓰며 마음에 새기는 詩 ⑦

듣고 싶은 감탄사

"어쩌면!"
"세상에!"
"난 대복大福을 받았어!"
사소한 일들에도
감동을 잘하시던
어머니의 잔잔한
감탄사가 듣고 싶어요

이제는 어머니 대신
제가 날마다
감탄사를 늘리며
살아야 할까 봅니다

고운 마음 꽃이 되고 고운 말은 빛이 되고

내 마음의
보물찾기

믿음은 겸손을 전제로 합니다. 믿음은 기다릴 줄 압니다. 믿음은 얄팍한 계산이 아니고 깊이 있는 신뢰입니다. "네가 믿는 대로 될 것이다" 하신 주님, 오늘 하루도 당신을 믿습니다. 어제보다 더 진실한 마음으로, 어제보다 더 깊이 튼튼한 뿌리를 내리리라는 확신으로 당신을 믿습니다. 그리고 당신을 제 삶의 중심으로 새롭게 선택합니다.

진실이 담긴 짧은 말, 깊은 말로 기도하는 법을 다시 배우고 싶습니다. 그동안 빈말을 되풀이했습니다. 너무 많은 말로 뜻 없이 기도했습니다. 이젠 정말 기도도 짧게 하고, 시도 짧게 쓰고, 말은 적게 하고…… 그렇게 살고 싶습니다.

생명의 주님, 당신의 은총 안에서 매일매일 기쁨의 남은 조각을 거두어들이는 기쁨이 있습니다. 희망, 평화, 감사의 남은 조각도 거두어들여서 매일의 바구니 안에 나누기 위해 모아 둡니다.

요즘 저의 매일은 어느 때보다도 가득 찬 기쁨임을 새롭게 감사드리면서…….

'평화의 도구' 되게 해달라고 '평화의 기도'를 자주 바치지만, 정작 생활 안에서 평화의 사람이 되긴 쉽지 않음을 발견합니다. 오히려 극히 사소한 일로 불화의 사람이 되기가 더 쉬운 듯합니다. 평화란 그저 잔잔한 호수처럼 곱고 안정적인 것만은 아닙니다. 때로는 바람에 흔들리면서 고통에 수없이 눈물을 흘리면서 체험하는 단단하고 성숙한 평화가 진짜 평화일 것입니다.

소금에 대한 묵상은 해도 해도 끝이 없고 할 적마다 새롭습니다. 우리가 날마다 정말 순수한 마음으로 사랑을 한다면 조금씩 조금씩 진짜 소금이 될 테지요? 어떤 행동을 할 때 사람들을 대할 때, 이기심을 조금만 빼어 버려도 하얗게 맛좋은 소금이 될 것입니다. 한 톨의 진짜 소금이 되기 위해 아플 때도 있지만, 그래도 즐겁습니다.

고운 마음 꽃이 되고 고운 말은 빛이 되고

환하고 둥근 보름달이 마음에도 걸렸습니다. 보름달처럼 흠 없게, 둥글게, 부드럽게 유순한 말과 행동으로 이웃에게 다가가는 노력을 게을리하지 않도록 도와주십시오. 욕심과 이기심으로 일그러지지 않게 도와주십시오. 남을 판단하지 않는 것이야말로 겸허한 자유인의 덕목입니다.

수도생활에도 완고함은 금물입니다. 어떤 경우에도 어떤 누구에게도 양보가 없고 자기 뜻만 고집하며, 남에 대한 자비심이 없는 뻣뻣한 마음으로는 사랑의 길을 갈 수 없습니다. 완고함이 진정한 사랑을 방해하는 것임을 잊지 않게 하소서.

기쁨이란 보물을 찾고 또 찾아서 갈고닦고 나누는 초록빛 나의 삶! "나는 행복하다"고 거듭 말하고 싶어지는 나의 삶. 이러한 보물 찾기가 있기에 단조롭고 단순하면서도 결코 지루하지 않은 나의 삶!

잠을 자는 동안에도 당신을 깊이 사랑할 수 있기를! 늘 사랑이 낳아 주는 맑고 순한 마음을 잃지 않기를! 아침에 일어나서 거울을 보고 "내가 어제보다는 좀 더 순해진 것 같아. 좀 더 아름다워진 것 같아"라고 빙그레 웃으면서 말할 수 있기를! 선한 갈망, 고운 갈망을 심어 주신 나의 님이시여, 오늘도 찬미 받으소서!

복스러운 사람이
되게 하소서

우리가 서로 주고받는 많은 인사말 중에서도 '복 많이 받으세요'라는 말은 가장 정겹고도 포근한 말이라 생각합니다. 이 말을 설날이 아닌 날에도 자주 주고받을 수 있으면 좋겠습니다.

어린 시절부터 저는 복福이라는 글자가 금박으로 찍힌 저고리의 끝동이나 옷고름, 은이나 자개로 복을 새겨 넣은 밥그릇이나 젓가락, 복주머니 등을 보면 괜스레 즐거워지고 행복이 바로 곁에 머무는 듯 설레곤 했습니다.

어쩌다 누가 자기에게 예기치 않은 선한 일, 좋은 일을 하면 그 고마운 마음을 "복 받으세요"라고 표현하는 것도 매우 인상적이어서

고운 마음 꽃이 되고 고운 말은 빛이 되고

나도 어른이 되면 꼭 그렇게 해야겠다고 결심한 적이 많습니다.

복을 생각하면 왠지 늘 뺨이 붉고 동그스름한 소녀의 모습이 떠오르기도 하는데, 아마도 어린 시절 어른들이 총명하고도 통통한 아이를 보면 "넌 참 복스럽게 생겼구나"라고 말하는 걸 자주 들어서인지도 모르겠습니다. '나도 그 애들처럼 좀 복스럽게 생겼으면 복을 많이 받을 텐데……' 하고 내내 거울을 들여다보며 부러워하던 기억이 새롭습니다.

우리 수녀원에도 복자, 복순, 복희, 복련, 순복 등의 이름을 지닌 이들이 많은데 그들은 지금도 복스럽게 생겼지만 귀여웠을 어릴 적 모습들을 떠올리면 더욱 재미있습니다.

장수, 재물, 자손, 풍년, 나라의 안녕과 질서, 부부간의 해로, 우애, 화목, 기쁨, 평화, 사랑, 좋은 만남 등등 그 무엇을 복으로 여기든지 간에 복은 그 자체가 이미 생명 지향적인 것이란 생각이 듭니다. 좋은 것, 아름다운 것, 선한 것, 잘 갖추어진 것을 지니고 싶어 하는 마음은 인간의 솔직한 꿈이며 희망이라 여겨집니다.

어느 특정한 종교를 믿지 않더라도 인간은 예로부터 어떤 신령한 힘에 의지하여 기도하며 마음으로 복을 빌어 왔습니다. 이런 마음을 '기복신앙'이라 하여 무조건 비난하기보다는 오히려 긍정적으로 이해할 수도 있다고 봅니다. 인간이 자기보다 더 높고, 위대하고,

능력 있다고 생각하는 누군가에게 가장 겸허하고 진실되게 복을 비는 것 자체는 곧 자기의 유한성을 인식한다는 뜻이 되며 매우 아름답고 따뜻한 일이 아닌가 싶습니다.

새해엔 우리 모두 이기적으로 자신의 복을 구하고 챙기는 일에만 연연하지 말고, 우리 이웃과 나라와 세계를 위해서도 복을 구할수 있는 넉넉하고 여유로운 마음을 지니면 좋겠습니다. 그리고 자꾸 새로운 복을 달라고 조르기 전에 이미 받은 복을 잘 키우고 닦아서 보물로 만드는 노력과 지혜도 필요하다고 봅니다.

아무런 노력 없이 요행을 바라거나 안일하게 복을 구하는 태도를 지양하고, 일상의 삶 안에서 꾸준히 복을 짓는 덕스러운 나날을 만들어 가는 것이 우리 모두의 아름다운 의무라고 여겨집니다. 결국은 덕스러운 삶이 복스러운 삶으로 이어지는 것이 아닐까 생각해 보면서, 우리 각자가 잠시라도 이웃이 편히 쉬어 갈 수 있는 작은 '복덕방福德房'의 역할을 하면 어떨까 기대해 봅니다.

아울러 우리 모두 외모 못지않게 내면이 복스러운 사람이 되길 기원하면서, 아래와 같은 다섯 가지 소망을 하늘에 띄워 보내고 싶습니다.

1. 하느님의 이웃을 향해 더욱 열려 있는 사랑과 기도로 복스러운 사람이 되게 하소서.

고운 마음 꽃이 되고 고운 말은 빛이 되고

2. 일상의 소임에서 가꾸어 가는 잔잔한 기쁨과 감사로 복스러운 사람이 되게 하소서.

3. 타인의 잘못을 받아들이는 이해와 용서로 복스러운 사람이 되게 하소서.

4. 좀처럼 화를 내지 않고 잘난 체하지 않는 온유와 겸손으로 복스러운 사람이 되게 하소서.

5. 옳고 그른 것을 잘 분별하고 실천할 수 있는 지혜와 용기로 복스러운 사람이 되게 하소서.

작은 마음의
표현들

며칠 전 오랜만에 바닷가에 나갔다가 모래 속 깊이 묻혀 있는 아주 작은 조가비들을 주워 왔고, 오늘은 솔숲 길을 산책하다 깨끗한 모양의 솔방울과 도토리들을 주워 왔습니다. 저는 이것들을 한동안 소식이 뜸했지만 마음으로 가까운 어린 시절의 벗에게 편지와 함께 보내려고 상자에 담아 두었습니다.

요즘처럼 좋은 물건들이 넘쳐 나고, 돈만 주면 못 사는 것이 없을 만큼 풍요로운 시대일수록 상점에서 흔히 살 수 있는 물건보다는 주는 이의 정성과 따스한 마음이 담긴 요란하지 않은 선물이 오히려 더 반갑고 소중하게 느껴질 때가 많습니다. 아주 작은 쪽지 하나라

고운 마음 꽃이 되고 고운 말은 빛이 되고

도 때로는 좋은 선물이 될 수 있음을 여러 차례 경험하게 됩니다.

몇 년 전 여행길에서 여권과 비행기 표마저 잃어버리고 상심해 있을 때, 누군가 나뭇잎에 '굿 나잇Good night'이라 써서 제가 머무는 방에 놓아 주고 갔지요. 박하사탕 한 개와 함께 놓고 간 그 격려의 말은 힘든 중에도 작은 위로가 되었습니다.

그때의 기억을 되살리며 저는 특히 해외에서 힘겹게 살아가는 친지들에게 고국을 느끼게 하는 그림엽서나 나뭇잎, 현재의 사회적 상황이 가장 잘 요약된 신문의 만화, 미담, 아름다운 시들을 오려 보내곤 하는데 긴 글을 못 쓴 채 보내더라도 다들 얼마나 기뻐하는지 모릅니다.

제 서랍엔 지금도 친지들이 보내 준 각종 편지, 카드, 엽서, 메모지들이 가득합니다. 축일이나 기념일, 어떤 강의 끝에 우리 자매들이 정성을 다해 한마디씩 짤막하게 이어서 쓴 글은 아름다운 모자이크나 조각보처럼 여겨져서 선뜻 버릴 수가 없습니다.

휴대전화 문자나 이메일 사용자가 대부분인 요즘엔 친필 편지를 받아 보는 것도 그리 쉽지 않은 듯합니다. 저도 가끔은 워드프로세서를 사용할 때가 있지만 그럴 때라도 꼭 친필로 쓸 여백만은 남겨 두곤 합니다. 기계로 찍어 낸 글씨와 비록 악필일지라도 손으로 직접 쓴 글씨를 받아 볼 때의 느낌은 크게 다르기 때문이지요.

'친구야, 편지 한 번 안 하는 무심함에다 세상에 없는 천하태평이라구? 하지만 내 편에선 늘 너를 짝사랑하는 마음으로 살고 있다. 소식이 없어도, 안 봐도 넌 늘 내 가장 가까운 마음의 친구이다. 너무 유명(?)한 게 흠이긴 하지만 친구야, 너를 늘 생각하고 사랑한다.'

며칠 전 열다섯 살 때의 글씨 그대로인 중학교 친구 혜숙의 쪽지를 오랜만에 받은 저는 그가 불쑥 전화로 얘기하는 것보다 더 찡한 감동을 받고 행복했습니다.

기회 있을 때마다 저는 벗과 친지들에게 건강한 동안 우리가 할 수 있는 작지만 의미 있는 사랑과 기쁨의 표현을 부지런히 하고 사는 소박한 부자가 되자며 강조하곤 합니다. 생전엔 거의 발표되지 않았다가 사후에 출판된 에밀리 디킨슨Emily Dickinson의 1,700여 편이나 되는 제목 없는 시들은 그가 생일이나 기념일을 맞은 가족과 친지들에게 적어 보낸 카드나 편지글들을 정리한 것이라고 합니다.

우리도 가족, 친지, 이웃에게 적어 보낼 좋은 생각과 좋은 글귀들을 많이 모아 둘 수 있는, 그래서 열기만 하면 언제라도 작은 보물섬이 되어 줄 수 있는 아름다운 문집 한 권을 준비하면 어떨까요?

시, 의미 있는 그림이나 만화, 격언, 감동적인 체험담 등을 열심히 모아서 꾸미다 보면 그 자체가 기쁨이 되고, 누군가에게 편지를 하고 싶어도 선뜻 쓸 말이 생각나지 않을 때엔 좋은 길잡이 노릇을 해줄 것입니다.

자신을 표현할 땐
겸손하게

'해야 할 말을 하지 못해 후회스러운 일이 백 가지 중 하나라면 하지 말았어야 할 말을 해버려 후회스러운 일은 백 가지 중 아흔아홉이다'라고 한 톨스토이의 말을 더 자주 기억하게 되는 요즘입니다. 더욱이 자신을 표현할 때는 잘난 체하지 않는 겸손함으로 더 신중하게 말해야겠습니다.

매사에 이기적으로 자기만 내세우는 말은 남에게 거부감을 주기 쉽습니다. 수도원에서는 내 안경도 '우리 안경', 내 만년필도 '우리 만년필'이라고 표현하는 일이 많습니다. 말 한마디 하는 것에서도 겸손을 가르치기 위함이지요. 심지어 내 배가 아파도 '우리 배'가 아프다고 말할 정도입니다. 그렇게까지 해서라도 나만 생각하는 이기심을 줄일 수 있도록 노력하는 것입니다.

설령 자랑할 거리가 있더라도 스스로 잘난 체하는 발언을 하는 것은 공석에서든 사석에서든 듣는 이를 불편하게 합니다. 덕이 높고 인품이 훌륭하지만 정작 자신은 늘 '부족한 사람'이라고 표현하는 이의 말을 들을 때, 운동경기에서 승리의 영광을 개인이 아닌 팀에게 돌리는 선수의 말을 들을 때는 절로 흐뭇한 마음이 들곤 합니다.

꼭 자랑을 하고 싶으면 '제가 자랑 좀 해도 될까요?' 한다든지 '제가 자랑할 일이 좀 있는데 들어 주시겠어요?' 하면 어떨까 싶습니다. 어쩌다 본의 아니게 자기 자랑이 조금 지나쳤다 싶으면 '아이고, 내가 또 내 얘기만 했네', '내가 또 내 자랑만 했네' 하고 바로잡는 것도 좋습니다.

자신이 생각하는 것만 옳다고 고집스레 우기다 보면 상대의 마음을 다치는 일도 많습니다. 한번은 어느 수녀님이 대뜸 저에게 "수녀님은 생각보다 활달한 걸 보면 혈액형이 분명 B형일 겁니다" 하기에 "아뇨. 저는 A형인데요" 하니 "수녀님이 B형이 아니면 제 손에 장을 지지십시오!" 하는 것이었습니다.

본인이 아니라고 하는데도 어쩌면 그토록 단정적으로 말할 수 있는지 놀라웠지요. 하찮은 일을 가지고 마구 우기는 것은 수도자에

고운 마음 꽃이 되고 고운 말은 빛이 되고

게 합당치 않다고 가르친 어느 성녀의 말씀이 떠올랐습니다.

우리는 때로 별것도 아닌 것을 가지고 목숨이라도 걸 듯 자기 뜻을 우기곤 합니다. 그것이 얼마나 어리석은 일인지 알면서도 그런 실수를 반복하곤 하지요. 이렇게 누군가 우기지 않아도 좋을 것을 자꾸만 우길 때는 좀 얄밉기도 해서 그 사람에게 망신을 주고 면박을 주고 싶어질 때도 있습니다.

그럴 땐 마음을 가다듬고 '잠깐, 혹시 뭘 잘못 아신 게 아닌지요?', '제 생각엔 그게 아닌 것 같습니다' 하고 말씨를 순화시키는 겸손이 필요합니다. '하느님께 맹세', '절대로 아니라니까', '돌아버리겠네', '미치겠네' 등 너무 단정적이거나 부정적인 말은 지양하고 '글쎄요, 나름대로 일리가 있다고 믿고 싶으실 테지만 사실은 그것과 다르다니까요'라고 부드럽게 바꾸어 보는 것도 좋겠습니다.

위협적이거나 명령 투의 강한 말씨 때문에 부부끼리 동료끼리 소통하면서 상처를 주거나 관계를 그르치는 일도 많지요. 몇 십 년 쌓은 우정이 경솔한 말 한마디로 와르르 무너지는 경우엔 얼마나 안타까운지 모릅니다.

무언가 실수하거나 잘못한 일이 있을 때 내내 변명만 하지 말고 솔직하게 인정하며 '미안하다', '죄송하다'고 용서를 청하는 것 역시 겸손의 덕을 닦는 행위일 것입니다. 그러기 위해서는 때로 큰 결단과 용기가 필요하겠지요.

누군가 나에게 하기 어려운 충고를 해주었을 때도 화를 내거나 감정적으로 날카롭게 반응하기보다는 '남이 하기 어려운 말을 직접 해주어서 고맙네요!' 하고 겸허한 표현을 하다 보면 그 사람과 나 사이에 전보다 더 깊고 새로운 우정이 싹트는 것을 저도 여러 번 경험했습니다.

방학이 없는 매일의 언어학교에서 여러분도 더 아름답고 부드럽고 겸손한 말을 많이 실습하는 우등생이 되기를 기대해 봅니다.

고운 마음 꽃이 되고 고운 말은 빛이 되고

잘 준비된
말을

어느새 글을 쓰는 사람으로 알려지게 된 저는 늘 '글빚'을 지고 살게 되었습니다. 전문적으로 글을 쓰는 사람이든 아니든 간에 시나 산문 등을 하나의 작품으로 탄생시키기까지는 남모르는 아픔과 인내, 아낌없는 정성과 노력이 필요하지요. 저 역시 글을 쓰며 마음에 드는 적절한 표현을 찾기 위해 수없이 종이를 버리며 잠을 설친 때도 많았고, 옆 사람이 눈치를 챌 만큼 끙끙 몸살을 앓기도 했습니다.

글을 쓰기 위해 이렇듯 힘든 과정을 거칠 때마다 제 언어생활을 한 번씩 되돌아보게 됩니다. 말을 할 때도 글을 쓸 때만큼 심사숙고 하고, 이것저것 미리 헤아려 분별 있는 말을 하고자 애쓴다면, 성급하고 충동적인 말로 다른 이의 마음을 상하게 하는 일은 거의 없을 것이라는 생각이 듭니다. 깊이 생각하지 않고 쉽게 뱉어 버린 말들 때문에 빚어지는 오해나 불신이 우리 주변엔 얼마나 많은가요? 누가 어쩌다 한결같이 겸허하고, 예의 바르고, 품위 있는 말씨를 쓰면 다시 한 번 그 사람을 쳐다보며 감탄할 만큼, 요즘 우리의 언어생활이 퍽도 거칠고 삭막해졌음을 자주 절감합니다.

흔히 글은 오래오래 종이에 남는 것이고, 말은 그냥 사라지는 것쯤으로 생각하기 쉽지만, 한마디의 말 또한 듣는 이의 마음속에 오랫동안 간직될 수 있는 것임을 헤아린다면 말할 때 역시 신중을 기해야 할 것입니다. 한 사람의 펜 끝에서 나온 글은 그 사람 특유의 개성을 드러내는 작품이 되듯이, 한 사람의 입에서 나온 말 또한 그 사람의 인격을 드러내는 하나의 작품이라고 생각한다면 결코 함부로 말할 수가 없을 것입니다.

너도나도 바쁘게 살다 보니 별로 생각할 시간이 없다고 하지만, 매일 잠깐씩 일부러라도 틈을 내어 자신의 언어생활을 점검해 보고 늘 잘 준비된 말을 할 수 있도록 최선을 다해야 할 것입니다. 말을 할 때마다 마음의 준비를 하고 꾸준히 자신을 성찰해 간다면 아무래도 부정적인 말보다는 긍정적인 말을 더하게 될 것 같습니다. 자기와 남을 이롭게 하고 기쁘게 하는 좋은 말, 선한 말만 골라 하기에도

고운 마음 꽃이 되고 고운 말은 빛이 되고

시간이 모자라는데, 남을 비난하고 상관도 없는 일에 흥분하거나 불평과 짜증과 푸념으로 시간을 보낸다면 얼마나 어리석은 일일까요. 마음먹기에 따라서 우리는 얼마든지 말의 질을 높일 수가 있고, 이것은 곧 삶의 질을 향기롭게 높이는 것일 테지요.

이유 없이 남을 깎아내리는 말, 무례하고 오만하고 이기적인 말, 천박하고 상스러운 말은 아예 입에 담지 말아요, 우리. 잘 안된다면 우선은 횟수를 줄이려고 노력해 보아요. 우리의 말씨가 거칠어지는 것이 시대 탓, 무분별한 매스 미디어 탓이라고만 하지 말고, 끊임없는 노력으로 매일의 언어생활을 선하고, 진실하고, 아름다운 작품으로 꽃피워 보아요.

'미리 준비하고 말하라. 경청하는 자가 많을 것이다. 네가 듣기를 좋아하면 배우는 게 많고, 귀를 기울일 줄 알면 현자賢者가 되리라'는 성서의 말씀을 다시 새겨들으며 저 역시 말뿐 아니라 모든 면에 잘 준비된 현자로 살아갈 수 있기를 기도해 봅니다.

유혹에서 지켜주소서

저의 매일은 자질구레한 유혹에서의
탈출이라고도 볼 수 있습니다
성을 내고 싶은 유혹에서
변명하고 싶은 유혹에서
부탁을 거절하고 싶은 유혹에서
말을 해야 할 때 말하기 싫은 유혹에서
저를 지켜주소서

고운 마음 꽃이 되고 고운 말은 빛이 되고

외로움을
사랑하자

저는 종종 외로움을 호소하는 이들의 편지나 전화를 받기도 하고, 또 어떤 때는 "수녀님은 외로움을 어떻게 극복하십니까?"라는 질문을 받기도 합니다. 많은 사람이 특히 수도자가 혼자 산다는 이유만으로 남보다 더욱 외로울 것이라 생각하는 경향이 있는 것 같습니다.

어느 친지의 장례식에서 오랫동안 암으로 고생한 젊은 아내와 사별하고 깊은 슬픔을 주체하지 못하는 남편의 모습을 지켜보면서 아무리 서로 사랑하는 사이일지라도 죽음의 여정은 혼자 떠날 수밖에 없다는 엄연한 사실을 새삼 깨닫습니다. 태어날 때와 마찬가지로 죽을 때도 혼자인 인간의 실존적인 고독, 외로움, 쓸쓸함은 어쩌면 당연한 것이 아닌가 싶습니다. 그런데도 우리는 너무 쉽게 외로움을 타거나 이를 견뎌 내기 어려워하는 게 아닐까 하는 생각을 종종 하게 됩니다.

몸과 마음이 몹시 지치고 아플 때, 깊은 밤 홀로 깨어 문득 죽음을 의식할 때, 가까운 가족, 친지조차 나를 이해하지 못하고 아무도 내 말을 정성껏 들어 주는 이가 없다고 느낄 때, 도달해야 할 목표는 아직도 멀고 다른 이와 비교해서 내 능력과 재능이 처진다고 생각될 때, 다른 이의 행동이 너무 이기적으로 느껴질 때 우리는 슬픔이 깔린 외로움을 맛보지만 이를 피해 멀리 도망치기보다는 오히려 있는 그대로 받아들이고 대면하는 노력이 필요합니다.

즉 낯선 손님이 아닌 정다운 친구로 외로움을 진지하게 맞아들이고 길들여 가자는 것이지요. 새 옷, 새 구두, 새 만년필도 편안한 내 것으로 만들기 위해선 한참을 길들여야 하듯이, 처음엔 낯설었던 외로움도 나와 친숙해지면 더 이상 외로움이 아닐 수 있습니다.

'나는 외롭다'고 누군가에게 전화를 걸거나 어떤 모양으로든지 자신의 외로움을 선전하고 싶을 때, 또는 외로움을 잊으려고 쾌락에 탐닉하거나 집을 뛰쳐나가고 싶은 유혹을 느끼는 바로 그때에 우리는 오히려 외로움 속으로 들어가 자신의 모습과 삶을 조용히 돌아볼 수 있는 슬기를 지녀야겠습니다.

고운 마음 꽃이 되고 고운 말은 빛이 되고

외로움에 매여 사는 노예가 되지 않고 외로움을 다스리는 자유를 누릴 때 우리는 깊은 명상과 사색, 창조적인 작업을 할 수 있고, 감상적인 자기 연민에서 빠져 나와 이웃에게도 눈을 돌리고 봉사할 수 있는 기쁨과 여유를 찾게 될 것입니다.

어떤 결심

마음이 많이 아플 때
꼭 하루씩만 살기로 했다
몸이 많이 아플 때
꼭 한순간씩만 살기로 했다
고마운 것만 기억하고
사랑한 일만 떠올리며
어떤 경우에도
남의 탓을 안 하기로 했다
고요히 나 자신만
들여다보기로 했다
내게 주어진 하루만이
전 생애라고 생각하니
저만치서 행복이
웃으며 걸어왔다

내가 행복해지는
습관

저를 좋아하는 한 부부가 벼르고 별러서 대구에서 부산 수녀원으로 찾아왔습니다. 손님이 우리 수도원 구름다리 밑에 있는 고급 한정식 집에 식사 예약을 했다고 하더군요. 가격을 알아봤더니 우리 형편으로는 굉장히 음식 값이 비쌌습니다. 기도를 하다가 며칠 전 브라질의 아주 가난한 동네로 선교를 떠나신 우리 수녀님 세 분이 떠올랐습니다. 마침 저를 만나러 오는 부부 중 아내 되는 분이 브라질에 간 수녀님과 고등학교 친구였지요. 그래서 제가 그분들께 이렇게 제안했습니다.

"수녀원 식사가 소박하고 반찬도 몇 가지 안 되지만, 수녀원에서 소찬을 들고 저 밥 사줄 돈을 브라질에 선교하러 간 수녀님에게 보내면 어떨까요?"

그랬더니 이 부부가, 수녀원에서 식사를 하는 건 반찬이 많고 적음을 떠나 돈으로 살 수 없는 특별한 체험이라며 무척 기뻐하는 겁니다. 그리고 밥값으로 쓰려던 돈에 얼마를 더 보태 10만 원을 제게 주었습니다. 그렇게 많은 손님이 다녀갔지만 이렇게 해본 것은 저도 처음입니다. 이렇듯 본인의 지향과 맞으면서 마음이 들어간 기부를 할 수 있다면 얼마나 아름다울까 하는 생각을 했습니다.

그래서 수도원에서는 1년에 두 번 사순과 대림 시기에 올해 어디를 도울까 함께 나눔의 대상을 정합니다. 수도원의 식사가 세속적인 기준에서 보면 부실하겠지만, 거기서도 줄일 것을 정합니다. 예를 들어 점심, 저녁 두 번 과일이 나왔다면 점심에는 먹지 않는다든지 해서, 40일간 그 금액을 모아 이웃을 돕는 훈련을 합니다. 이렇게 자진해서 사랑의 행동을 하다 보니 이제 그냥 돈만 기부하면 굉장히 허전하게 느껴집니다. 절제와 희생, 극기가 들어가야 애긍의 행위가 더 빛나는 것이 아닐까 생각합니다.

넉넉지 않은 생활 속에서 아끼고 모은 돈을 도움이 필요한 이웃에게 기부한다면, 뿌듯한 보람도 느끼겠지만 무엇보다 내 마음이 밝아지는 체험을 하게 될 것입니다. 우리는 가까운 사람에게 애착하는 경향이 있는데 혈연 지연을 넘어서 모르는 이웃도 기꺼이 도와줄 수

고운 마음 꽃이 되고 고운 말은 빛이 되고

있는 넓은 마음의 사랑이 필요합니다.

　그날그날 내 도움이 필요한 주변 사람에게 생색 내지 않으면서 도움의 손길을 내민다면 우리는 더 행복해질 수 있지 않을까요?

천사 놀이

지상에 살고 있는 우리가
서로를 조금씩 위해주고
용서하며 사랑하는 순간은
날개가 없어도 천사가 되는 것임을
나날이 새롭게 배웁니다
다른 이를 위로하고 웃게 만들려면
내가 더 많이 울어야 하는 것이라고
다른 이의 짐을 가볍고 자유롭게 해주려면
내가 더 많이 구속되고 무거울 수 있는
용기를 감당하는 것이라고
내 안의 천사가 일러줍니다

스스로 채워 가는 고운 말 수첩

오늘 하루 수집한 고운 말들을 적어 보세요.

흰 구름 수녀의
고운 말 일기

3장에 실린 글은 일기의 특성을 고려해 주어(나, 저)와
술어(-습니다, -다)를 통일하지 않고 원문의 표현을
그대로 살렸습니다.

향기로 말을 거는
꽃처럼

냉이꽃, 제비꽃, 민들레꽃, 봄까치꽃, 미나리아재비꽃……. 얼굴이
아주 작은 꽃들일수록 눈을 크게 뜨고 보아야 합니다. 어쩌면 작으
니까 더 자세히 들여다보게 되는지도 모르지요. 보일락 말락 한 가
장 작은 꽃 한 송이도 꽃술, 꽃잎, 꽃받침, 잎사귀 등이 완벽하게 조
화를 이루고 있는 것을 보면 신기하다 못해 신비롭습니다. 꽃이 많
은 집에서 꽃을 볼 수 있는 밝은 눈, 밝은 마음을 지닌 것에 새롭게
감사하는 나의 봄이여.

오늘은 유리창을 닦고, 연노란색 커튼을 새로 달고, 새소리에 맞
추어 시를 읽으며 봄맞이를 했습니다.

고운 마음 꽃이 되고 고운 말은 빛이 되고

어느 땐 바로 가까이 피어 있는 꽃들도 그냥 지나칠 때가 많은데, 이쪽에서 먼저 눈길을 주지 않으면 꽃들은 자주 향기로 먼저 말을 건네 오곤 합니다.

내가 자주 오르내리는 우리 수녀원 언덕길의 천리향이 짙은 향기로 먼저 말을 건네 오기에 깜짝 놀라 달려가서 아는 체했습니다. "응, 그래 알았어. 미처 못 봐서 미안해. 올해도 같은 자리에 곱게 피어 주니 반갑고 고마워."

좋은 냄새든, 역겨운 냄새든 사람들도 그 인품만큼의 향기를 풍깁니다. 많은 말이나 요란한 소리 없이 고요한 향기로 먼저 말을 건네 오는 꽃처럼 살 수 있다면, 이웃에게도 무거운 짐이 아닌 가벼운 향기를 전하며 한 세상을 아름답게 마무리할 수 있다면 얼마나 좋을까요?

꽃멀미

사람들을 너무 많이 만나면
말에 취해서 멀미가 나고
꽃들을 너무 많이 대하면
향기에 취해서 멀미가 나지
살아 있는 것은 아픈 것
아름다운 것은 어지러운 것
너무 많아도 싫지 않은 꽃을
보면서 나는 더욱 사람들을
사랑하기 시작하지
사람들에게도 꽃처럼 향기가
있다는 걸 새롭게 배우기 시작하지

고운 마음 꽃이 되고 고운 말은 빛이 되고

함께 사랑해요,
우리

한 해를 살아온 고마움과 놀라움으로 한 장 남은 달력을 바라봅니다. 오늘을 함께 사는 모든 사람에게 자연에게 사물에게 아름답고 따뜻한 사랑의 인사를 하고 싶어지는 계절입니다. "각자 삶의 자리에서 소임을 다하며 때로는 힘겹게 살아 내시느라고 정말 수고가 많으셨지요?" 하고 물으면 눈물 글썽이며 고개 끄덕이는 내 이웃들의 모습을 대하면 가슴이 찡해 옵니다.

나는 '우리'라는 말을 참 좋아해요. 우리 동네, 우리나라, 우리 집, 우리 학교, 우리 친구, 우리 밥상, 우리 공동체…… 라는 말을 들으면

금방 마음이 순하고 따뜻해집니다. 사람들이 간혹 '우리 남편', '우리 그이', '우리 집사람'이라 표현하는 것 역시 얼마나 정겨운지요! 우리라고 하면서도 내 것임을 나타낼 수 있는 그 은근한 표현은 우리말의 특이한 매력인 듯합니다.

수녀원에 처음 왔을 때 어떤 물건을 사용하든지 나의 것도 우리 것이라고 말할 수 있어야 한다는 가르침이 무척 인상 깊고 마음에 들었습니다. 그리 쉬운 일은 아니었지만 수십 년이 지난 지금은 나라는 표현보다 우리라는 표현이 참 편하고 정신적 물질적 소유에서 자유로워지는 데도 도움을 줍니다.

한 해 동안 특별히 개인적으로 감사하고 싶은 일들을 몇 가지 떠올려 봅니다. 오랜 투병 생활 끝에 저세상으로 떠나신 세 분의 선배 수녀님들이 남기고 간 믿음 깊고 청빈한 모습에서 눈물겹도록 아름다운 삶의 지혜를 배운 것, 지상에서의 삶이 얼마 남지 않으신 구순의 노모를 수녀원 내에 모시며 그분의 투명한 단순함과 평온함을 배우는 가운데 노년의 삶을 더 깊이 이해하게 된 것, 삶이 힘겹다며 울먹이는 친지들에게 전화, 편지, 방문 등으로 '작은 위로자'의 역할을 해줄 수 있었던 것.

시를 많이 짓진 못했지만 다른 시인들의 시들을 찾아 읽으며 경탄의 감각을 회복하려고 노력한 결과 새소리, 바람 소리, 파도 소리

고운 마음 꽃이 되고 고운 말은 빛이 되고

에도 늘 가슴이 뛰고 사람들을 만나면 설레는 미소를 띨 수 있게 된 것, 함께 사는 이들의 쓰디쓴 충고와 질책이 당장은 먹기 힘든 음식이지만 잘만 소화해 내면 어떤 달콤한 칭찬보다 영적 성장에 유익한 선물이 됨을 자주 체험한 것, 새로운 인연을 통하여 삶의 다양성을 이해하고 안목을 넓힌 것, 바쁜 중에도 꾸준히 읽은 책들의 어느 글귀가 거룩한 갈망을 일깨워 준 것⋯⋯. 이렇게 적기 시작하니 쓰고 싶은 것들이 점점 더 많아집니다.

이번 크리스마스에 나는 누구에게 무엇을 선물할까, 궁리하며 크리스마스까지 기다리지 말고 바로 지금 여기서 감사를 발견하며 기쁘고 행복하게 살아갈 수 있다면 그것이야말로 자신을 사랑하는 가족, 친지에게 전하는 가장 좋은 크리스마스 선물이 아닌가 싶습니다.

내가 해야 할 일들을 미루지 않는 지혜, 해야 할 용서를 미루지 않는 용기를 날마다 새롭게 지닐 수 있도록 함께 기도해요, 우리. 함께 사랑해요, 우리.

기차를
타요

부산에 살고 있는 나는 경부선 열차를 자주 이용하는 편입니다.

"안녕하십니까? 저는 손님들을 목적지까지 모시고 갈 기관사 ○ ○○입니다. 안전하고 편안한 여행이 되시도록 최선을 다하겠습니다" 하는 목소리도, "여러분, 우리 기차는 곧 목적지에 도착할 예정입니다. 잊으신 물건이 없는지 잘 살펴보시기 바랍니다" 하는 안내방송도 정겹게 들립니다.

'우리'라는 단어의 여운이 문득 모국에 대한 그리움을 자아내는 그 순간을 사랑합니다.

고운 마음 꽃이 되고 고운 말은 빛이 되고

기차를 타면 우리나라의 사계절을 뚜렷이 보고 느낄 수 있어 좋습니다.

봄에는 진달래와 철쭉과 복사꽃이 가득한 산과 들을 바라보며 분홍빛 마음이 되고, 여름에는 하얗게 피어나는 아카시아와 태산목, 탱자꽃과 밤꽃 향기를 먼 데서도 가까이 차창 안으로 불러들입니다. 가을에는 불타는 단풍 숲과 벼 이삭이 물결치는 황금빛 들녘에 황홀해하고, 겨울에는 눈 덮인 산천과 침묵의 강을 바라보며 마음이 깨끗해집니다.

"난 누가 뭐래도 사계절이 뚜렷한 우리나라가 제일 좋아."

혼자서 중얼거리며 창밖을 보면 산과 들이 "그래 그래" 하고 웃으며 손을 흔드는 것만 같습니다.

기차를 타면 생각할 시간이 많아서 좋습니다.

요즘은 여기저기서 울리는 휴대전화가 고요한 분위기를 깨뜨릴 때가 많지만, 그래도 애써 참으며 눈을 감고 혼자만의 '생각 여행'을 떠나 보는 즐거움이 있습니다.

이런저런 은혜로웠던 일들을 떠올리면서 짧은 감사의 기도를 바치고, 잘못한 행동에 대해서는 좀 더 깊이 반성하는 시간도 갖습니다. 한참 잊고 있던 옛일들이 문득 생각나 감회에 젖어 보기도 하고, 자신이 걸어온 길을 객관적인 입장에서 살펴보는 지혜로운 판관이 되기도 합니다. 앞으로 해야 할 일들에 대한 구체적인 계획을 세우며 메모를 하고, 그동안 마음 깊이 담아 두기만 했던 시상을 불러내어 종이에 옮겨 적는 여유도 가져 봅니다.

기차를 타면 다양한 모습의 사람들을 만나 다양한 삶의 이야기를 듣고 배울 수 있어 좋습니다.

처음엔 옆자리의 사람에게 먼저 말을 건네기가 어색하고 힘들었으나, 요즘은 "어디까지 가세요?" 하고 늘 내가 먼저 자연스레 말을 건네곤 합니다. "사실은 어려워서 어쩌나 했는데, 먼저 말을 건네시니 편해요. 커피 한잔 드시겠어요?" 하는 이웃의 모습은 예전부터 알던 사람처럼 정답게 여겨집니다.

자기가 지금껏 성장해 온 과정, 가족관계, 여러 종류의 고민과 갈등을 비밀스런 부분까지도 스스럼없이 나에게 털어놓으며 기도를 청하는 이들의 솔직하고 순박한 모습에서 감동과 자극을 받습니다. 때로는 다른 좌석의 사람들까지 찾아와서 기차 안에 있는 환자를 위해 기도를 부탁할 적에는, 내가 아직 기도의 전문가가 아닌 사실을 못내 부끄러워하며 가만히 손만 잡아 주고 옵니다.

서로 이름과 주소를 주고받으며 다음 만남을 약속하는 경우도 없진 않으나, 대부분은 가볍게 인사를 나누고 헤어지니 서로에게 편안하고 부담이 없습니다. 기차에서 내릴 적에 나의 짐을 들어 주는

고운 마음 꽃이 되고 고운 말은 빛이 되고

사람들 중에는 내가 광안리에 있는 수녀원에 산다니까 "저는 평소에 이해인 수녀님의 글을 좋아해서 그분께 편지까지 쓴 일도 있답니다" 하며 설마 당사자인 줄은 모른 채 내 앞에서 내 이야기를 들려주는 이들도 더러 있습니다.

　기차를 타면 욕심을 버린 작은 순례자의 마음이 됩니다.
　"안녕히 가세요!" "잘 다녀오세요!" 하는 인사말을 자연스럽게 주고받는 곳. 우리의 삶은 만남과 이별의 연속임을 더욱 실감나게 하는 곳.
　기적 소리를 울리며 달리는 기차와 함께 내 마음도 끝없이 달려가는 시간.
　여행이 주는 한 줌의 쓸쓸함을 즐겁게 맛 들이는 시간.
　작은 순례자인 나는 내 마음을 향해 나직이 속삭여 봅니다.
　'마음이여, 좀 더 단순하고 가벼워져라.'
　'마음이여, 좀 더 겸손하고 자유로워져라.'
　'인생이라는 기차 안에서 완전히 내리기 전에 먼저 용서하고 화해하는 연습을 부지런히 하여라.'
　눈물이 나면 기차를 타라고 어느 시인은 말했지요. 사랑을 하고 싶으면 기차를 타라고 나는 말해야겠어요. 혼자만의 기차 여행도 아름답지만, 가까운 벗이 옆에 있는 여정 또한 즐거울 테지요.

기차를 타요

우리 함께
기차를 타요

도시락 대신
사랑 하나 싸들고

나란히 앉아
창밖을 바라보며

서로의 마음과 마음을
이어서 길어지는
또 하나의 기차가 되어
먼 길을 가요

고운 마음 꽃이 되고 고운 말은 빛이 되고

보물이 되는
어록

"진정한 사랑은 막연한 감상이나 맹목적인 열정이 아니라 인간 존재
전부를 포괄하는 내면의 태도다. 사랑은 기뻐하는 사람들과 함께 기
뻐하고 고통 받는 사람들과 더불어 고통을 받는 능력이다."

"휴일이 가진 가치 중 하나는 바로 이기적이지 않은 방법으로 다
른 사람들을 만나서 우정의 즐거움을 맛보고 함께 조용한 시간을 보
내는 것이다."

2005년 4월 전 세계인이 애도하는 가운데 하늘나라로 떠나신
요한 바오로 2세의 어록들을 읽으며 잠시 그리움에 젖는다. 사후에

공개된 그분의 영성록과 어록들은 많은 이에게 깊은 감동을 주었다. 앞서 그해 2월에는 우리 수녀원 객실의 '미소천사'로 불리던 분다 수녀님이 임종하셨다. 며칠 전 그분이 남기신 어록을 읽으니 밝고 단순한 모습과 정겨운 웃음이 되살아나는 듯 마음이 따뜻해진다.

"너무 존경만 많이 하면 서로 멀어져. 사랑하고 좋아해야지."
"날더러 커피를 맛있게 탄다는데…… 같은 물건을 가지고도 다르게 만드는 것이 바로 정인가 봐."

짧지만 긴 여운을 남기는 명언, 격언 등을 즐겨 읽는 나는 특히 누군가 임종 직전에 남긴 말이나 어록이 공개되면 관심 있게 읽고 묵상의 주제로 삼곤 한다. 나도 이젠 차근차근 주변 정리를 하고 언제라도 유언(?)이 될지도 모를 단상 노트를 하나 따로 마련해야지 하고 생각할 즈음, 내게 예고 없이 배달된 낡은 노트 한 권이 문득 생각나 다시 펼쳐 보았다.

어린 시절 내게 정신적인 영향을 준 어느 언니에게 예비수녀 시절(1966년) 내가 선물로 보냈던 '구름의 고향'이란 제목의 편지 노트를, 그 언니는 나를 좋아한다는 어느 후배에게 맡겼다고 들은 일이 있었다. 세월이 흐르는 동안 두 사람은 모두 화가가 되었고, 나하고는 서로 연락도 뜸하였다. 그 후 이 일을 오래 잊고 있었는데 거의

40년이 다 된 어느 날 이 노트가 내게 우편으로 배달이 되었으니 어찌나 감회가 깊던지!

'누구나 성덕을 닦는 비례대로 타인에게 사도직이 되는 것입니다'라는 어느 사제의 강론을 적어 놓기도 하고, 시가 되려다 만 생각, 독후감, 기도의 지향들을 메모해 두기도 하였다.

지금이야 화려하고 고운 노트가 많이 있지만 전에는 검박한 것들뿐이어서 흔히 잡지의 사진이나 그림을 오려 편지지나 노트를 장식하곤 하였다. 군데군데 수도자가 되고 싶은 영적 갈망과 순수함이 엿보이는 나의 옛 노트를 읽으면서 나는 다시 초심자의 첫 마음으로 돌아가 행복해졌다.

'매일매일 변화 없고 단조로운 생활의 연속인데도 어쩌면 이렇게 늘 새롭고 즐거울까요. 하늘과 바다와 나무와 벗하여 저는 늘 여왕보다도 더한 한 아름의 행복을 안고 이 커다란 사랑의 연못에서 헤엄치겠습니다. 때론 맘이 괴롭고 손이 시려도 웃으며 참을 줄 알아야겠죠? / 지금껏 체험해 온 하나는 참으로 사소한 일에 충실하면 할수록 생활이 더욱 분발되더라는 것입니다. / 유독 비 내리는 날에 더욱 즐거운 노래를 부른다는 숲 속의 그 작은 새를 기억하시나요? 신앙의 위기를 당할 만큼 괴로울 때는 영혼의 성장을 위한 서곡이라고 생각할 터입니다.'

비록 내가 쓴 글이지만 갓 스무 살 먹은 앳된 예비수녀의 풋사과 향내 나는 마음들이 지금의 나에게 자극을 준다. 세월과 함께 때가 묻고 무디어진 내게 좀 더 순결하고 아름다워지라고 재촉하는 것만 같다. 선물이 선물로 돌아와 기쁨이 된 체험! 이 기쁨을 내 기도의 보물상자에 넣어 두고 종종 충전의 자료로 써야겠다.

향기로운
말

웰빙 옷, 웰빙 가구, 웰빙 음식, 웰빙 음악, 웰빙 운동 등 요즘은 여기
저기서 웰빙well-being이란 단어를 꽤도 많이 사용합니다. 여러 가지로
해석할 수 있겠지만 웰빙을 '참살이'라고 뜻풀이한 것도 마음에 듭
니다. 진정 참되고 아름다운 것에 대한 인간의 욕구는 끝이 없는 것
같습니다. 아름다운 외모에 대한 사람들의 관심도 요즘은 그 도가
지나쳐서 맘에 안 드는 자신의 이목구비를 고치는 일조차 망설임 없
이 쉽게 하는 세상입니다.

거리에 나가면 사람들이 다 말끔하고 세련되어 보이는데 그 입
에서 나오는 말들은 듣기 거북할 정도로 밉고 험해서 실망스럽고 슬

플 때가 한두 번이 아닙니다. 우리 사회에 선과 아름다움과 평화를 가져올 가장 시급한 실천 덕목은 자신도 살고 남도 살리는 사랑의 언어이고 이것이야말로 진정한 웰빙이 아닐까 싶습니다.

악취가 아닌 향기로운 여운을 남기는 말, 상처가 아닌 치유의 역할을 하는 말, 미움이 사라지고 화해와 용서의 길로 나아가게 하는 사랑의 말을 하는 우리가 되도록 새롭게 노력하는 매일이 되면 좋겠습니다.

"아, 우리나라 가을 하늘은 정말 곱지 않아요? 내가 한국에 태어나길 잘한 것 같아요!" 문득 하늘을 보며 이렇게 외칠 때 "저도 그렇게 생각하는데요! 한국의 가을은 항상 눈물이 날 만큼 아름답다니까요" 하고 곁에서 누군가 거듭니다.

하늘, 바람, 구름, 햇살, 바다 — 모든 자연에 대해 고운 말을 하면 고운 말로 메아리가 돌아오는 이 기쁨! 요즘 나는 식탁에서도 자주 자연에 대한 이야길 먼저 꺼내곤 합니다. 여러분도 날마다 한두 번씩 자연에 대해 감탄하는 표현을 해보세요.

본원에 살다가 새 소임지로 떠나는 후배 수녀에게 몹시 서운한 심정을 비쳤더니 "수녀님과 여기서 함께 사는 것이 자랑이고 기쁨이었는데 이렇게 떠나게 되어 저도 서운해요. 그동안 참 고마웠어요" 하는 답이 돌아옵니다. 나도 누군가에게 그렇게 어여쁜 말을 한번

고운 마음 꽃이 되고 고운 말은 빛이 되고

해봐야지 감탄하며 마주 보며 웃습니다. 여러분도 날마다 누군가에게, 특히 가까운 사람들에게 구체적인 덕담을 한 가지씩 건네 보도록 하세요.

영화나 드라마를 통해 요즘 한창 인기를 누리고 있는 미녀 영화배우가 그 모습만큼이나 고운 언어로 내게 말을 건네 옵니다. 그의 문자 메시지는 늘 '부족한 제가……', '부끄러운 제가……'로 시작하여 상대에 대한 격려와 감사로 끝을 맺습니다. 사석에서도 그는 비록 농담일지언정 푸념, 한탄, 불평, 원망, 자기도취적인 단어를 입에 올리지 않고 밝고 공손한 말만 골라 하여 듣는 이를 놀라게 하곤 합니다. 가장 최근에 들은 그녀의 말은 "주변에서 저를 자꾸 띄워 줄수록 오히려 들뜨지 않으려고 노력하고 있어요" 하는 것입니다.

여러분도 칭찬을 들을수록 '부족한 저입니다', '덕분입니다' 하며 살짝 자신을 낮추어 말할 수 있는 여유를 지녀 보세요. 그 겸허함의 향기는 사람과 사람 사이의 우정을 더욱 돈독하게 이어 줄 것입니다.

참으로 잘 익은
글을 위해
글쓰기 도움말

컴퓨터가 발달하면서 요즘은 마음만 먹으면 누구나 쉽게 글을 쓰고 편집해서 책을 펴내는 세상이 되었습니다. 글을 쓰는 이들은 날로 많아지지만 참으로 잘 익은 글을 발견하는 일은 그리 쉽지 않은 듯합니다.

갈수록 글 쓰는 일이 어렵다는 걸 절감하는 나이기에 누가 도움말을 부탁해도 설명할 수가 없었는데, 오늘은 내 경험을 바탕으로 부분적으로나마 몇 가지 이야기하니 읽는 이에게 작은 도움이라도 되면 좋겠습니다.

고운 마음 꽃이 되고 고운 말은 빛이 되고

글감 모아 두기

글의 소재가 될 만한 것들을 모아 두는 자기만의 바구니를 만듭니다. 노트, 일기장, 메모장 등에 자연을 관찰한 것, 사람들과의 만남에서 오는 느낌, 특별한 꿈, 책·영화·연극에서 얻은 감동, 기도나 명상에서 건져 올린 내용 등등 무엇이라도 좋으니 부지런히 적어 두었다가 필요할 때마다 꺼내서 쓰면 좋습니다.

방향 설정

쓰고 싶은 글의 제목을 일단 정한 뒤 내용 전개를 위한 구성을 하고 계속 궁리하며 깊이 익혀 가는 작업을 합니다. 너무 잘 쓰려고 욕심을 부리거나 다른 이의 흉내를 내려 하지 말고 자기만의 진실과 개성이 잘 드러나도록 방향을 정하는 지혜가 필요합니다.

초고 만들기

생각한 것들을 글로 옮겨 적을 때 유의할 점 몇 가지.

- 본인이 잘 모르거나 뜻이 분명치 않은 단어라고 여겨지면 그냥 지나치지 말고 반드시 사전을 찾아보거나 알 만한 사람에게 물어서 꼭 확인해 보고 씁니다. 새나 꽃을 묘사할 경우엔 도감이나 사전을 곁에 두고 특성을 읽어 보면 표현에도 도움이 됩니다.

- 중복된 표현, 꼭 안 써도 될 외래어를 무심결에 썼는지 살펴봅니다.
- 문장에서 과거, 현재, 미래의 시제를 제대로 사용하고 있는지 살펴봅니다.
- 맞춤법, 띄어쓰기, 앞뒤 문장의 흐름이 부자연스럽거나 어색하지 않은지 다른 사람에게 한 번 정도 읽어 보길 권유합니다.
- 인용을 할 때는 그 자리에 꼭 필요한 것인지 심사숙고하고 제대로 인용하는 게 중요합니다. 특히 다른 사람의 글을 인용할 적엔 반드시 출처를 밝히는 예의를 지켜야 합니다. "어느 책에서 읽었던가?" "누군가 말했는데……" 하며 대충 얼버무리는 식의 표현은 바람직하지 않다고 봅니다. 인터넷에 들어가면 이름난 작가들의 잘 알려진 글들이 아무런 출처도 없이 하도 많이 떠다니니 혼란을 가져오기 쉽습니다. 출처가 분명해야 다른 사람이 그 글을 다시 인용해도 무리가 없으며 공들여 글을 빚은 작가에 대한 예의도 되는 것이지요.

글을 쓸 때 다급하면 여기서 조금, 저기서 조금 좋은 글귀만 뽑아다 짜깁기하는 이들도 있는데, 이는 공감대를 형성하지 못하고 방법적으로도 옳지 않다고 생각합니다. 어느 성당의 축하식 행사에 갔다가 거의 나의 시들로 재구성한 축사를 들은 일이 있는데 "설마 그 자리에 오실 줄 몰랐다"면서 그 글을 낭송한 청년이 내게 사과 전화를 해온 일도 있습니다.

- 시를 빚을 때는 너무 설명적이 되지 않도록 간결하게 절제된 상징 언어를 쓸 수 있도록 한껏 노력해야 합니다.

- 글에서 타인에 대한 언급은 신중하게 해야 합니다. 어느 글에서든지 남에 대해 이야기할 땐 좀 더 겸허하고 진지해야 할 것입니다. 글은 오래도록 남는 것이기에 어떤 특정한 사람이나 상황을 언급할 때는 함부로 속단하는 일이 없도록 유의해야 합니다. 속사정을 깊이 알지도 못하면서 단편적으로 드러나는 한 부분만 보고 어떤 사람을 마구 비난한 글을 읽으면 마음이 언짢습니다. 그러나 실제로 우리는 이런 행동을 많이 하기에 늘 겸손하게 깨어 있지 않으면 안 될 것입니다.

중간 점검

초고를 만들어 잠시 다른 곳에 두고 잊고 있다가 다시 꺼내서 되풀이해 읽다 보면 고쳐야 할 부분이 새롭게 눈에 띄곤 합니다. 어느 글이든 여유 있게 시간을 두고 손질해야 설익은 것을 최대한 줄일 수가 있습니다.

마무리

마지막 정리를 하고 나면 자기가 쓴 글의 독자가 되어 천천히 소리를 내어 읽어 봅니다. 객관성을 지니고 냉정하게 관찰하면 내용상, 표현상의 부족함을 다시 발견할 수 있으므로 마지막 손질을 좀 더 낫게 할 수 있습니다. '내 능력에서는 최선을 다했다'는 확신이 들면 비로소 마무리를 합니다.

사랑의 의무를
다하는 시간
편지 쓰기 도움말

오늘은 모처럼의 휴일이라 둥근 초록빛 책상 앞에 앉아 수십 통의 편지를 썼습니다. 그동안 미루어 둔 답장을 쓰려니 시간이 걸리지만 각종 편지들을 마주하고 앉으면 이웃과 친지들을 향해 잊고 있던 감사와 존경과 사랑의 마음이 새록새록 따뜻하게 솟아오릅니다.

'사람들의 정성에 내가 보답을 못 하고 너무 무심했구나', '귀한 선물을 늘 당연한 듯이 받고 제때에 감사 인사도 못 했구나', '나의 무관심한 태도에 꽤나 서운했겠구나' 하는 것을, 회답하기 위해 편지를 다시 읽는 과정에서 깨우치며 거듭 부끄럽고 송구한 마음이 됩니다.

바쁜 생활에 좀체 여유가 없어 글을 쓸 시간이 없거나, 일부러 짬을 내어 짧게나마 편지를 쓰는 일이 번거롭게 생각되더라도, 편지를 쓰는 일은 우리가 직접 마음을 나누는 사랑의 행위임을 편지를 쓰면서 다시 알게 됩니다. 생전에 편지와 일기에 담긴 깊은 영성으로 많은 이들에게 감동을 주었던 사제 헨리 나웬의 글을 다시 읽어 봅니다.

'오늘 나는, 내가 편지를 쓰고 기도를 바친 친구들에게 둘러싸여 있는 기분이 든다. 서로 주고받는 우리의 사랑은 지극히 구체적이며 활력을 불어넣는다. 편지를 생각하고, 편지를 보낸 이들을 생각하고 그리고 편지를 받는 이들을 생각하며 하느님께 감사드린다. 편지 쓰기가 지니는 장점은 우정을 한결 실감나게 만들고 돈독하게 다져 준다는 데에 있다. 처음엔 상당히 부담스럽게 생각되기도 했지만 이제는 편안히 즐기는 시간이 되었다. 친구와 대화를 나누기 위해 일을 중단하는 기분이 들 정도다.'

평소에도 자주 편지를 쓰는 나에게는 나름대로 편지 쓰기 순서가 있답니다. 함께 보실래요?
- 먼저 봉투를 준비해서 받을 사람의 주소를 쓰고 답장해야 할 편지들과 같이 클립으로 끼워 둡니다. 처음 받은 편지 주소는 다른 수첩에 적어 두어 다음에도 쉽게 찾을 수 있게 합니다.

고운 마음 꽃이 되고 고운 말은 빛이 되고

- 겉봉에 있는 이름들을 보면서 좋은 시, 책갈피, 그림엽서, 카드, 사진, 오려 둔 신문기사 등 그 사람에게 어울리는 것들이 생각날 때마다 봉투에 미리 넣어 둡니다.
- 다양한 편지지와 메모지들을 어린이용, 청소년용, 어른용으로 준비해 두고 한국적인 우표는 해외용으로 따로 마련해 둡니다.
- 마음이 차분하고 주위가 조용하고 시간적으로도 여유가 있는 어떤 날, 아름다운 음악을 틀어 놓고 촛불을 켜놓고 기도하는 마음으로 편지를 씁니다.
- 편지를 봉투에 넣는 과정에서 내용이 서로 바뀌지 않도록 유의하며 투명 테이프로 봉한 다음, 의미 있는 말이 적힌 스티커를 가운데 붙이거나 꽃, 십자 모양을 색연필로 그려 넣습니다.
- 우체국에 가서 편지를 부치며 "목적지까지 무사히 도착하게 해주십시오" 하는 기도를 바치면서 사랑의 의무를 끝낸 가볍고 즐거운 발걸음으로 돌아옵니다.

현각 스님이 엮은 숭산 스님의 서한 모음집《오직 모를 뿐》을 읽으면서 깊은 감동을 받았습니다. 숭산 큰스님은 당신을 따르는 많은 이들을 일일이 다 만날 수가 없으므로 편지로나마 정성을 다한다고 하셨습니다. 지금은 고인이 되셨지만 전 세계를 무대로 봉사했던 인도의 성녀 마더 데레사 또한 어느 날은 따로 시간을 내어 편지 쓰기에 정성을 다하고 많은 경우엔 친필로 쓴다고 나에게 직접 말씀하셨습니다.

편지나 카드 쓰기 또한 공해일 뿐이기에 아예 안 쓰려고 작정했다는 분들도 더러 있지만, 편지가 없다면 우리의 삶은 얼마나 삭막할까요. 언젠가 해외여행을 하면서 보니 애인, 친구, 가족, 스승, 성직자 등 여러 대상에 맞게 기념일마다 주는 카드들을 따로 분류해서 파는 걸 보고, 카드 쓰는 일이 일상생활의 문화로 자리 잡고 있음을 알 수 있었습니다.

편지를 쓰더라도 요즘은 종이 편지 대신 전자 편지를 많이 쓰고, 평소에 하고 싶은 말도 전화로 다 해버리니 우체국에 가도 예전보다 한산한 편입니다. 지난봄에는 우리 동네 우체국장의 이름으로 나에게까지 감사의 축전과 기념품이 배달되는 걸 보고 사람들이 정말 편지를 쓰지 않는구나 생각했습니다.

한 해를 정리하고 돌아보는 12월엔 우리 모두 미루어 둔 편지를 쓰기 위해 즐겁고 바쁘게 보내면 좋겠습니다. 12월만이라도 전자 편지 아닌 종이 편지에 나름대로 정성을 담아 벗들에게 보내며 사랑과 우정의 관계를 더욱 돈독히 하면 좋겠습니다.

많은 친지들이 내게도 음악까지 곁들인 다양한 전자 카드들을 자주 보내 주지만, 일일이 찾아 읽으려면 오히려 시간이 더 걸려서

"그냥 종이 카드로 보내 주면 안 될까요?" 하고 싶을 때가 있습니다. 나 또한 전자 편지와 카드들을 이용하고는 있지만, 컴퓨터 안에 기껏 정리해 놓은 주소록을 몽땅 날린 후로는 종이에 적는 것을 다시 좋아하게 되었습니다.

"언제나 잊지 않고 기억하고 있습니다." "베풀어 주신 모든 은혜에 감사드립니다." "올 한 해도 저의 부족함을 인내해 주시고 늘 함께해 주셔서 고마웠습니다." "힘들어도 용기 잃지 마시기를 기도드릴게요." "부디 행복하고 건강하십시오."

아주 간단한 말이라도 차가운 인쇄 글씨 아닌 따스한 친필로 적어서 사랑과 기도와 고마움의 마음을 전한다면 우리 서로에게 좋은 선물이 되리라 믿습니다. 편지를 쓰고 받고 기다리는 삶은 얼마나 겸손하고 따뜻하고 아름다운 예술일까요. 또 한 해를 보내며 나의 편지 쓰기 소임은 살아 있는 한 이어져야 할 '사랑의 일'임을 생각해 봅니다.

우체국 가는 길

세상은
편지로 이어지는
길이 아닐까

그리운 얼굴들이
하나하나
미루나무로 줄지어 서고
사랑의 말들이
백일홍 꽃밭으로 펼쳐지는 길

설레임 때문에
봉해지지 않는
한 통의 편지가 되어
내가 뛰어가는 길

세상의 모든 슬픔

고운 마음 꽃이 되고 고운 말은 빛이 되고

모든 기쁨을
다 끌어안을 수 있을까

작은 발로는 갈 수가 없어
넓은 날개를 달고
사랑을 나르는
편지 천사가
되고 싶네, 나는

시와 함께
걷는 길
시 쓰기 도움말

내게 있어 시는 무엇인가? 잠든 나를 흔들어 깨우는 종소리 같고, 아침을 알리며 미소 짓는 한 송이 나팔꽃 같다. 시를 빚어내는 일은 늘 행복하지만 그만큼의 아픔을 수반한다. 마음 안에 잉태되었던 어떤 시상詩想이 제 모습을 갖추고 한 편의 시로 탄생하기 위해서는 참으로 많은 노력과 시간이 필요하다.

파를 다듬듯이 / 시를 만지다가 잠이 들었다 / 흙을 털고 뿌리를 도려내고 / 껍질을 벗기며 / 희디흰 알몸이 나올 때까지 / 눈을 감아도 피할 수 없었다 / 마약처럼 매운 냄새 코를 찌르

고운 마음 꽃이 되고 고운 말은 빛이 되고

고 / 잠든 머리맡에 / 꿈결같이 놓인 시 한 단

황경식 시인의 시 〈파를 다듬듯이〉(《실은, 누드가 된 유리컵》, 문학
세계사, 2001)는 읽는 순간부터 마음에 와 닿았다. 이미지의 신선함,
문체의 간결함이 돋보이는 이 시를 읽으며 내 코를 찌르는 파 냄새,
마음을 아리게 하는 시 냄새.

간밤엔 아주 오랜만에 시를 쓰고 싶은 고운 갈망에 잠을 설쳤다.
지상에 머무는 동안 꼭 마음에 드는 시를 못 쓰게 되더라도 시를 안
고 사는 것만으로도 고맙고 기쁘다.

누구나 시인이 되고 싶다는 가을. 그래서 가을엔 유난히 시인 지
망생들의 편지가 내게도 많이 날아드는 것일까. 시인의 꿈을 키우는
것은 좋지만 너무 성급하게 시집부터 내고 싶어 하는 것, 써 보낸 시
가 대개는 시가 아닌 산문에 더 가까우며 맞춤법이 많이 틀린 것 등
은 적이 실망이 되고, 걱정이 된다. 그들을 위한 도움말을 생각하다
가 우선 나 자신을 위해서도 몇 가지 실천사항을 정리해 본다.

1. 쓰기 전에 먼저 오래오래 그리고 깊이 생각할 것
2. 다른 이들의 좋은 글들을 많이 읽고, 새겨 읽을 것
3. 우리말 공부를 충실히 할 것(사물에 대해 묘사할 때는 백과사
   전이나 도감을 보고 묘사를 바르게 할 수 있도록 힘쓸 것)

4. 떠오른 생각들은 일단 메모한 다음 두고두고 발전시켜 나갈 것

5. 늘 진실하고 겸허한 태도로 글을 쓰며 다른 이의 평가도 받아들이되 너무 매이지는 말 것

6. 어떤 글에서든 다른 이에 대한 섣부른 판단이나 어설픈 추측을 피할 것

한 편의 시를 통해 시인들의 생각 속에 언제라도 들어갈 수 있다는 것은 얼마나 멋진 일인가! 나의 제일 큰 취미는 역시 좋은 시 찾아 읽고 이웃과 나누는 것인데 이런 기쁨을 받아들이지 않는 이들을 간혹 만나게 되면 무척 서운한 마음이다.

"수녀님의 삶 자체가 한 편의 시지요?" 하며 내게 악수를 청했던 어느 먼 나라 독자의 말처럼 나도 나의 삶 전체를 시가 되게 하고 싶다. 삶의 열매가 시이게, 시의 열매가 삶이게 하고 싶다. 윤동주 시인의 시에서처럼 '잎새에 이는 바람에도 나는 괴로워했다'라고 고백할 수 있는 예민함으로 깨어 있는 시인, 그러면서도 '나한테 주어진 길을 걸어가야겠다'며 자신에게 맡겨진 일에 최선을 다하는 성실하고 아름다운 시인이 되고 싶다.

'시는 사람이 생각하는 것처럼 감정만은 아니다. 시는 참으로 경험인 것이다. 시는 언제까지나 끈기 있게 기다리지 않고서는 안 되는 것이다.'

고운 마음 꽃이 되고 고운 말은 빛이 되고

《말테의 수기》에서 릴케가 한 이 말도 자주 기억하기로 하자.

따라 쓰며 마음에 새기는 詩 ⑭

작은 소망

내가 죽기 전
한 톨의 소금 같은 시를 써서
누군가의 마음을
하얗게 만들 수 있을까
한 톨의 시가 세상을
다 구원하진 못해도
사나운 눈길을 순하게 만드는
작은 기도는 될 수 있겠지
힘들 때 잠시 웃음을 찾는
작은 위로는 될 수 있겠지
이렇게 생각하는 것만으로도
나는 행복하여
맛있는 소금 한 톨 찾는 중이네

흰 구름
단상

비 온 뒤의 하늘, 하늘 위의 흰 구름. 구름이 아름다운 날은 일이 손에 잡히지 않는다. 다른 곳으로 잠시 시선을 둔 사이 어느새 모양이 바뀌는 구름. 어린 시절 그리했던 것처럼 잔디밭에 누워 흰 구름을 실컷 바라볼 수 있으면 좋겠다.

구름에 대한 노래, 구름에 대한 시詩, 구름에 대한 그림을 모으며 나는 구름이 좋아 수녀 이름도 구름cloud으로 하지 않았던가. 시인 헤세Hesse와 셸리Shelley의 '구름', 성서에 자주 나오는 구름의 상징성을 논문으로 쓰고 싶던 나의 갈망도 이젠 구름 속에 숨고 말았다. 푸른 하늘 위에 점점이 떠 있는 흰 구름처럼 내 안에 떠다니는 구름 같은 생각들을 종종 종이 위에 적어 둔다. 그래서 '흰 구름 단상'이라 붙여 놓고 내 생각들을 그려 넣으면 이것이 후에는 시와 수필의 소재가 되고 편지도 된다.

+++

나이 들수록 새로운 사귐, 새로운 만남이 혹시 사랑으로 오더라도 왠지 두렵다. 누가 이것을 케케묵은 생각이라 비웃어도 어쩔 수 없다. 항아리 속의 오래된 장맛처럼, 낡은 일기장에 얹힌 세월의 향기처럼, 편안하고 담담하고 낯설지 않은 것이 나를 기쁘게 한다. 새 구두를 며칠 신다가도 이내 낡은 구두를 다시 찾아 신게 되고, 어쩌다 식탁에서 자리가 모자라서 두리번거리다가 새 얼굴인 수녀들이 오라고 해도 오래전부터 알고 지낸 벗들을 얼른 찾아가게 된다.

새로운 것에 적응하면서 살 수 있는 개방성과 신선함이 좋은 것을 모르지 않으면서 역시 옛것이 좋고 오래된 것, 낯익은 것에 집착하는 나이기에 가끔은 답답하리만큼 보수적이고 고루하다는 평을 듣는지도 모르겠다.

+++

미국 제네시 트라피스트 수도원의 유진 수사님이 어디서 구했는지 내가 좋아하는 시인 조이스 킬머Joyce Kilmer의 사망 이후 그를 추모하는 글이 실린 1918년 8월 19일자 《뉴욕 타임스》의 추모 기사 원본을 오려서 보내 주어 얼마나 기뻤는지! 거의 80년 된 기사이니 빛깔이 바래고 찢어져서 너덜너덜해졌지만 원본만이 줄 수 있는 독특한 느낌……. 여러 시인들의 추모 시구를 모아 놓은 내용도 마음에 들어 몇 개 복사해서 피천득(1910~2007) 선생님과 대학에서 영문학을 강의하는 벗들에게도 나누어 주어야겠다.

'시는 나와 같은 바보가 짓지만 나무를 만드는 건 하느님뿐'이라고 노래한 조이스 킬머의 〈나무들〉이란 시가 어느 때보다도 생각나는 날이다. 사소한 일로 마음이 부대끼고 갈등 속에 있다가도 창밖의 나무들을 보고 있으면 마음이 평온해진다. '뭐 그걸 가지고 그래?' 하며 빙그레 웃는 것도 같고……. 나무의 모습을 닮은 성자들의 모습도 떠오르고.

+++

간밤에 웬 꿈을 그리도 많이 꾸었을까? 평소 생활을 반영해 주기도 하는 꿈의 세계. 그냥 무시해 버리기엔 너무 많은 의미가 있음을 나도 자주 체험하는 편이다. 피정避靜 중에도 지도자들이 가끔 꿈을 주제로 묵상시키는 이유를 알 것 같다. 깨고 나면 잊어버리는 꿈이 더 많지만 수도원에 오래 살면서 내 꿈의 세계도 이젠 좀 정화되고 아름답게 성숙되고 있음을 문득 느끼며 스스로 고마워할 때가 있다.

고운 마음 꽃이 되고 고운 말은 빛이 되고

+++

"수녀, 잘 있었나? 실은 간밤 내 꿈에 수녀 얼굴이 보여서 말이야. 혹시 무슨 근심거리가 있는가 하고 전화 걸었지."

아침에 걸려 온 구상(1919~2004) 선생님의 전화. 몇 년 전, 내가 매스컴에 시달리며 괴로워할 때도 옆에서 함께 안타까워하시며 힘과 위로가 되어 주셨던 선생님은 내가 당신의 조카딸쯤 되는 것 같다고 웃으신다. "시인 노릇보다도 수녀 노릇을 더 잘해야 한다"고 당부하시던 선생님은 오늘도 사방이 시집으로 둘러싸이고 새소리도 들리는 서재에서 시를 쓰고 계시겠지.

+++

미국 오하이오에서 마종기 시인이 보내 준 두 권의 시집 《그 나라 하늘빛》, 《안 보이는 사랑의 나라》를 여러 번 읽었다. 〈바람의 말〉, 〈나비의 꿈〉, 〈비 오는 날〉, 〈우화의 강〉은 내가 특별히 좋아하는 시들이다. 평범한 일상의 삶, 남들이 그냥 지나치기 쉬운 것들에서 그토록 깊고, 절제되고, 따뜻한 시를 끌어낼 수 있는 시인의 눈과 마음을 한껏 부러워했다.

장미꽃 우표가 붙은 그의 편지도 시만큼이나 아름답고 따뜻하다. 어느 성당 기공식에서 기념 삽질을 하며 흙을 붓다가 하늘이 너무 아름다워 왈칵 눈물이 나더라는 이야기도 했다. 아동문학가로 널리 알려진 그의 아버지 마해송 씨의 동화《모래알 고금》,《앙그리께》를 밤새워 읽던 어린 시절의 추억도 새롭다.

+++

나태주 시인의《사랑이여 조그만 사랑이여》라는 시집 속의 말들은 모두 깨끗하고 아름답다. 비 오는 날, 숲의 향기를 맡으며, 새소리를 들으며 이 시집을 읽으면 사슴 닮은 눈을 지닌 내 옛 친구들의 모습이 떠오른다. 나도 늘 좋은 시를 쓰고 싶다. 어쩌다 시상詩想이라도 떠오르면 그 생각을 놓치지 않으려고 메모지에 적어서 베개 밑에 깔고 자곤 한다. 자다가도 생각이 나면 적어 놓으려고, 그리고 새로 솟은 생각을 더 깊이 익혀 두고 싶어서……. 남들은 단 몇 분 만에 읽어 버리고 마는 짧은 시라도 쓰는 이에게 그것은 하나의 커다란 기다림이고 인내의 열매이다.

+++

우리들보다 / 더 힘들게 살면서도 / 언제나 우리들보다 / 더 먼저 용서하는 새들 (시〈비무장지대 2〉중에서)
가벼운 것일지라도 새들은 / 가끔씩 깃털을 버리는가 보다 / 버릴 것은 버리면서 / 가볍게 / 하늘을 나는가 보다
(시〈새들은 가볍게 하늘을 난다〉중에서)

고운 마음 꽃이 되고 고운 말은 빛이 되고

권영상 님의 새들에 대한 시 몇 구절을 새소리 들으면서 읊어 보았다. 작가로부터 받은 동시집《아흔아홉 개의 꿈》의 갈피마다 살아 숨 쉬는 아름다운 시어들, 그의 동시들은 내가 가장 많이 편지나 카드에 인용하는 시이기도 하다.

오늘은 고운 꽃다발을 선물로 받아 마침 먼 나라에서 수녀원을 방문한 손님에게 드렸더니 매우 기뻐하였지. 결국 선물은 돌고 도는 것, 그래서 더 아름다운 것인지도 모른다. 자기만을 위해서 꽉 붙들고 있는 것보다는 좀 아까운 생각이 들더라도 더 필요한 이에게 선뜻 내어 놓을 수 있는 신선함이야말로 인색한 것보다 훨씬 바람직하다.

+++

하얀 마거리트 꽃들이 피어나기 시작했다. 어찌 꽃들은 그리도 자기의 때를 잘도 알아 피고 지는 것일까. 늘 조심스럽고 성실하면서도 명랑한 모습의 한 사람을 떠올리게 하는 조촐한 꽃. 수도자의 모습도 이와 같았으면 한다.

우리 성당 앞 십자로의 느티나무는 어느새 키도 많이 크고 잎사귀도 많이 달았다. 1991년 9월, 수녀회 60주년 기념식수로 심은 나무가 해를 거듭할수록 풍채를 자랑하고 있구나.

느티나무야, 너는 매일 성당의 종소리를 제일 가까이 듣고 있지? 수녀들의 인사 이동이 있을 적마다 떠나는 이들과 보내는 이들의 곁

모습과 속마음을 누구보다 많이 지켜볼 수 있지? 우리 집에 드나드는 다양한 손님들의 표정과 마음도 읽을 수 있지? 네가 곁에 있으므로 우리는 늘 정겨운 느낌이 들고 든든하단다.

+++

옷장에 걸어 두었던 옷들을 다 꺼내어 다림질하고, 떨어진 곳은 꿰매고 하는 일이 즐거웠다. 사무실에서 하루 종일 서류를 만지는 일과는 다른 느낌이다. 늘 별것도 없는 뻔한 살림인데도 한 번 움직이려면 무엇이 그리 많은지. 좀 더 깔끔하고 소박하게 정리하지 못하고 미루어 두곤 하는 나를 반성한다. 정신의 소유도, 물질의 소유도 모두 필요 외에 여분으로 갖는 것은 자유로운 삶을 방해한다.

예전에 비하면 수도자의 삶의 양식도 많이 편리해지고 부유해졌다고 볼 수 있다. 각 개인이 자기 스스로 절제하고 제동을 걸지 않는다면 타락하기 쉬울 것이다. 원내에 새 건물을 짓는 어수선한 틈을 타 30년 만에 도둑이 두 번이나 들어 우리 모두를 놀라게 했다.

한 번은 우리가 깊이 잠든 밤에, 한 번은 우리가 길게 기도하는 주일 아침에 주방의 유일한 철창까지 부수고 들어와 마음 놓고 볼일을 본 듯하다. 경리실의 높다란 유리문을 깨고 약간의 현금을 훔친 뒤 의자 뒤에 커다란 발자국까지 남겨 놓고 갔다.

그 후로 할 수 없이 곳곳에 쇠창살을 하게 되니 날마다 투명하게 탁 트인 유리창으로 꽃, 나무, 하늘, 바다를 내다보던 나의 기쁨이 절반은 줄어든 셈이다. 30년 전의 이곳 산, 바다, 언덕은 평화로웠고, 문단속을 좀 소홀히 해도 이런 일이 없었는데……. 인심도 갈수록 각박해지고 이런 속에 살아야 하는 우리의 모습도 답답하고 우울하다. 하지만 몇 차례나 우리를 몹시 놀라게 한 밤손님의 그 마음도 편치는 않으리라.

+++

"수녀님, 우리 여기 놀이터에서 아주 조금만 놀다 가도 돼요?"라고 우리가 외출할 때마다 동네 어린이들은 우리 유치원을 가리키며 묻곤 한다. "그래, 조금만 놀다 가라. 어두워지기 전에 돌아가야지, 응?" 하고 대답하며 그들이 마음껏 뛰놀 수 있는 공간이 없음을 아쉬워한다.

어린이들을 위해 우리는 무엇을 할 수 있을까? 어린 시절, 마음껏 뛰놀아야 어른이 돼서도 구김살 없는 사랑을 할 수 있고 인생의 어려움도 잘 헤쳐 갈 수 있을 텐데……. 아이들의 웃음을 보니 내 마음도 밝아졌다. 《시나라로 가는 길》이라는 어린이 시 낭송집도 들으며 동심으로 돌아가 본 날이었다. 어린이들의 순결한 목소리를 들으면 괜히 눈물부터 난다.

+++

대부분의 사람들은 자기가 성을 내는 것은 늘 이유가 있음을 정당화시키고 남이 자기에게 성을 내는 것은 사소한 부분이라도 못 견디며 억울해하는 경향이 있다. 어디까지나 자기중심적일 때가 많다. 나이가 들수록 온유해지기는커녕 그 반대가 되어 가는 모습을 나 자신에게서도 본다.

오늘도 내가 제일 싫어하는 표현, '신경질 난다'는 말을 혼잣말로 여러 번 하며 나 스스로 놀랐다. 갈수록 인내심도 없고 너그러움보다는 옹졸함이, 이타심보다는 이기심이 더 크게 자리를 잡아 가니 큰일이다. 아무리 상황이 안 좋더라도 결코 막말을 해서는 안 되는데……. 용서, 관용, 인내, 이런 것들이 나이 들수록 더욱 어려워진다면 나는 분명 잘못 살고 있는 것이다.

+++

'나는 내가 경험한 작은 사랑이 세상에 나가 큰 사랑으로 넓어지는 것을 보고 싶었다. 그것이 결국은 내 사랑의 완성이 된다는 사실도 깨달았다'는 구절이 가장 기억에 남던 양귀자 님의 소설 《천년의 사랑》을 여행 중에 읽었다. 소설가들의 상상력은 항상 놀랍기만 하다.

고운 마음 꽃이 되고 고운 말은 빛이 되고

+++

부산에서 안동으로 기차를 타고 가는 길이 매우 아름다웠다. 세상 다른 곳에도 빼어난 아름다움이 많이 있을 테지만, 아주 작아도 구석구석 고유의 아기자기한 아름다움이 넘치는 곳을 여행할 때마다 우리나라에 태어난 것을 다시금 고맙게 생각한다. 해외에 다녀온 이들이 가끔 "한국보다는 외국이 더 살기 편하다", "고국에 잔뜩 기대를 하고 왔는데 볼 것이 없다"고 가볍게 말할 때는 "그래요?" 하면서도 매우 서운한 마음이 들곤 했다.

특별히 애국자가 아니더라도 내가 태어난 모국을 끔찍이 위하고 사랑하는 것이 도리다. 그래서 그 단점과 허물을 남의 탓으로 돌리며 비난만 할 것이 아니라 그 구성원인 우리 각자가 더 좋은 나라를 만들기 위해 최선을 다해야 한다. 외국어보다 국어 공부를 더 열심히 하는 것 역시 애국이 아닐까?

젊은이들의 편지를 받을 때마다 국어 맞춤법이 생각보다 너무 많이 틀린 것을 보면 안타깝다. '우리나라는 전 국토가 박물관이다'로 시작하는 유홍준 교수의 《나의 문화유산 답사기》는 한국인이라면 누구나 한 번은 읽어야 할 좋은 책이다.

+++

아무리 애를 써도 결코 억지로는 짜낼 수 없는 시. 그러나 안 써지는 것 역시 즐거워하기로 한다. 시가 어려워도 시를 포기하지 않는 많은 사람들로 인해 세상은 더욱 아름다우리. 보석처럼 열심히 갈고 닦은 빛나는 시인들을 나는 죽을 때까지 질투하며 부러워하리라.

+++

르완다의 뼈만 남은 어린이들의 그 퀭한 눈들이 자꾸 나를 쳐다 본다. 북한의 배고픈 겨레에게 우리는 너무 무심하고 냉랭하다. 오 늘도 태연히 밥을 먹는 게 부끄럽다. 눈물을 글썽인다고, 기도한다 고 그들에게 힘이 될까? 우리 나름대로 절식을 해서 그 몫을 떼어 돕는다지만 어쩐지 답답하다. 이웃의 아픔과 불행에 그냥 속수무책 인 것만 같은 나의 위치가 가끔 괴로울 때가 있다.

수도자의 가난이란, 마음뿐 아니라 물질적으로도 돕고 싶은 가 난한 이들에게 자기 개인의 뜻과 이름으로 베풀고 싶은 원의조차 포 기하는 가난함에 있다. 온전한 순명, 철저한 고독에 나 자신을 내맡 기는 신앙과 용기가 내겐 아직도 무척 부족하다는 생각이 든다.

+++

암세포가 온몸에 퍼져 항암치료를 받는 C수녀님 방에 그분이 좋 아하는 풀꽃 한 묶음을 들고 갔더니 매우 기뻐하셨는데 그 모습을 보니 나도 기뻤다. 아름다운 꽃은 중환자들에게도 아름다운 위로가

고운 마음 꽃이 되고 고운 말은 빛이 되고

됨을 다시 보았다. 생사의 갈림길에 있는 환자의 입장에서는 오히려 귀찮은 것일지도 모른다고 속단하는 것은 잘못인 것 같다.

"거듭 생각해도 고마운 것이 너무 많고, 고마운 이들이 너무 많아요. 전에 큰 수술을 받았을 때는 이만하면 됐으니 데려가 달라는 기도가 나오던데, 이번엔 이상하게 조금만 더 생명을 연장시켜 달라는 욕심을 부리게 돼요. 그분이 다 알아서 잘해 주시리라 믿고 싶어요" 하는 수녀님의 야윈 모습을 지켜보며 나는 할 말을 잃었다.

+++

노환으로 고생하시던 수녀님 한 분이 우리가 지켜보는 가운데 평온히 선종하셨다. 안구 기증을 하시고 나니 시신이 되어서도 하얀 붕대로 두 눈을 가리고, 흰옷 차림으로 백장미 향기 속에 고요히 누워 계셨다. 약간은 푸른빛을 띤 얼굴, 십자고상과 묵주를 든 차가운 침묵의 손. 수녀님은 이제 오래 계속될, 누워 있는 침묵 자체였다. 깊고도 긴 침묵. 이 침묵 앞에서 우린 대체 누구이며 무엇인가?

조종弔鐘을 치고 모든 장례 예절을 질서정연하게 진행하던 우리였지만 입관, 하관을 할 때는 울지 않을 수 없었다. 특히 "17통 1반인 우리 수녀원의 세대주이기도 했던 순애 수녀님의 그 이름을 지우려니 참으로 서운합니다"라는 총원장의 슬픈 고별사를 들을 때는 가슴이 미어지는 것 같았고, 여기저기서 흐느끼는 소리가 들려 왔다.

+++

나는 오늘 〈하관下棺〉이란 시 한 편을 썼다.

　삶의 의무를 다 끝낸
　겸허한 마침표 하나가
　네모난 상자에 누워
　천천히 땅 밑으로 내려가네

　이승에서 못다 한 이야기
　못다 한 사랑 대신하라 이르며
　영원히 눈감은 우리 가운데의 한 사람

　흙을 뿌리며 꽃을 던지며
　울음을 삼키는 남은 이들 곁에
　바람은 침묵하고 새들은 조용하네
　더 깊이, 더 낮게 홀로 내려가야 하는
　고독한 작별인사

　흙빛의 차디찬 침묵 사이로
　언뜻 스쳐 가는 우리 모두의 죽음

　　　　　　　　　　고운 마음 꽃이 되고 고운 말은 빛이 되고

한평생 기도하며 살았기에
눈물도 성수聖水처럼 맑을 수 있던
노수녀老修女의 마지막 미소가
우리 가슴속에 하얀 구름으로 떠오르네

　가까운 이들이 이 세상을 떠났을 때의 그 느낌을 시로 쓰고 나면 며칠은 시름시름 몸이 아프고 마음은 태풍에 쓰러진 나무와 같다. 간밤엔 때 아닌 추위가 느껴져 꽁꽁 싸두었던 이불을 다시 꺼내 덮고 잤다. 슬픔을 일으켜 세우는 건 언제나 슬픔인가. 누구의 방해도 받지 않고 안으로 안으로 실컷 슬픔을 풀어내고 나면 나는 어느새 용감해져서 일상으로 걸어 들어가 조금씩 웃을 수 있다. 죽은 이들은 말이 없으니 그들을 위해 시를 쓰는 것은 어리석은 일처럼 느껴질 때가 있다. 그러나 어찌 보면 그렇게 해서라도 약간의 위로를 받고 싶은, 살아남은 자들의 조그만 욕심인지도 모른다.
　'수녀님도 하느님 만나실 그날까지 예쁜 일 많이 하시다가 깊은 잠 자는 듯 그렇게 떠나십시오'라고 어느 지인은 내게 글을 보냈지만 죽음에 대해서만은 정말 아무 계획도 미리 세울 수가 없다는 것을 임종하는 이들 곁에서 절감한다.
　예년보다 더디 오는 가을을 반기며 오늘 내 마음을 스쳐 갔던 흰 구름 단상.

사랑의
말은

시냇물에 잠긴 하얀 조약돌처럼 깨끗하고 단단하게 마음속 깊이 숨어 있던 그 귀한 말, 사랑의 말을 막상 입으로 뱉고 나면 왠지 쓸쓸하다. 처음의 고운 빛깔이 조금은 바랜 것 같은 아쉬움을 어쩌지 못해 공연히 후회도 해본다. 그러나 한 번이라도 더 듣고 싶어 모든 이가 기다리고 애태우는 사랑의 말. 이 말은 가장 흔하고 귀하면서도 강한 힘을 지녔다.

+++

어려서는 내게 꽃향기로 기억되던 사랑의 말들이 중년의 나이가

고운 마음 꽃이 되고 고운 말은 빛이 되고

된 이후로는 더욱 튼튼한 열매로 익어 평범하지만 눈부신 느낌이다. 비록 달콤한 향기는 사라졌어도 눈에 안 보이게 소리 없이 익어 가는 나이 든 사랑의 말은 편안하구나. 어느 한 사람을 향해서 기울이고 싶던 말이 더 많은 이를 향해 열려 있는 여유로움을 고마워한다.

+++

누군가를 처음으로 사랑하기 시작할 땐 차고 넘치도록 많은 말을 하지만, 연륜과 깊이를 더해 갈수록 말은 차츰 줄어들고 조금은 물러나서 고독을 즐길 줄도 아는 하나의 섬이 된다. 인간끼리의 사랑뿐 아니라 신神과의 사랑도 마찬가지임을 이제 조금은 알 것 같다. 나는 섬이 되더라도 가슴엔 늘 출렁거리는 파도가 멈추지 않기를 바란다. 메마름과 무감각을 초연한 것이나 거룩한 것으로 착각하며 살게 될까 봐 두렵다. 살아가면서 우리는 무엇보다도 마음의 가뭄을 경계해야 하리라.

+++

아침엔 조금이나마 반가운 비. 참으로 오랜만에 맡아 보는 하늘물 냄새. 안팎으로 물이 귀한 세상에 살고 있는 요즘이다. 메마른 세상에 물이 귀하니 사람들 마음 안에도 사랑의 물이 고이질 못하고 인정과 연민이 줄어드는 것인가? 연일 보도되는 사랑 없음의 사건

들이 우리를 우울하게 한다. 때로 마음이 아닌 머리로만 살고 있는 것 같은 나 자신과 이웃을 발견하는 일도 슬프다.

+++

진정한 사랑의 말이 아닌 모든 말은 뜻밖에도 오해를 불러일으킬 때가 많고, 그것을 해명하고자 말을 거듭할수록 명쾌한 해결보다는 더 답답하게 얽힐 때가 많음을 본다. 그러므로 소리로서의 사랑의 언어 못지않게 침묵으로서의 사랑의 언어 또한 필요하고 소중하다.

+++

편지나 대화에서 '사랑하는 ○○에게'라고 표현하는 것조차 쉽지 않을 때가 있다. 듣기엔 아름답고 포근한 느낌을 주지만 실상 이 말엔 얼마나 큰 책임의 무게가 따르는가? 어머니의 내리사랑, 언니의 내리사랑이 지극함을 체험할 때면 인간에 대한 하느님의 내리사랑을 더욱 구체적으로 생각하게 된다.

수도원 안에서 내게도 사랑을 베풀어야 할 대상이 날로 많아지지만 난 내리사랑은커녕 동료들과의 마주사랑도 잘 못하고 있으니 언제 한번 제대로 사랑의 명수가 되는 기쁨을 누려 볼 수 있을까 걱정이 되네.

고운 마음 꽃이 되고 고운 말은 빛이 되고

+++

　'우리는 함께 살고 있는 사람들의 필요에 민감해져야 한다. 바로 그러한 데서 공동체가 시작될 것이다'라는 쟝 바니에Jean Vanier의 말을 새겨들으며 이것이 곧 사랑의 아름다운 속성이라 생각해 본다. 그러나 인간은 본능적으로 자기중심적인 경향을 지니고 있어 이웃의 필요보다는 자신의 필요에 더 민감하도록 길들여졌기에 이웃을 위한 사랑의 민감성을 잘 키워 가도록 더욱 끊임없이 노력해야 할 것이다.

+++

　진정 자유로운 사람은 마음을 넓혀 가는 사랑 안에서 남을 용서할 수 있는 사람이다. 어떤 사람과 언짢은 일로 서먹한 사이가 되어 누구도 선뜻 다가가지 않는 시간이 길어질 때 먼저 용기를 내어 지난 일을 잊고 마주 웃을 수 있다면 그가 곧 승리자이고, 둘 사이에 막혔던 벽을 용서와 화해로 허물어뜨리는 큰 기쁨을 맛볼 수 있으리라. 이것이야말로 '여러분 안에 소금을 간직하고 서로 평화롭게 지내시오' 하는 복음을 실천하는 길이다. 누구에게도 꽁한 마음을 품지 않도록 관용의 소금을 늘 지니고 살아야겠다.

◇◇◇◇◇◇◇◇◇◇◇◇◇◇◇◇◇◇◇◇◇◇◇◇◇◇◇◇◇◇◇◇

스스로 채워 가는 고운 말 수첩

오늘 하루 수집한 고운 말들을 적어 보세요.

말을 위한 기도

제가 이 세상에 태어나

수없이 뿌려 놓은 말의 씨들이

어디서 어떻게 열매를 맺었을까

조용히 헤아려 볼 때가 있습니다

무심코 뿌린 말의 씨라도

그 어디선가 뿌리를 내렸을지 모른다고 생각하면

왠지 두렵습니다

더러는 허공으로 사라지고

더러는 다른 이의 가슴속에서

좋은 열매를 또는 언짢은 열매를 맺기도 했을

언어의 나무

(…)

하나의 말을 잘 탄생시키기 위하여
먼저 잘 침묵하는 지혜를 깨치게 하소서

헤프지 않으면서 풍부하고
경박하지 않으면서 유쾌하고
과장하지 않으면서 품위 있는
한마디의 말을 위해
때로는 진통 겪는 어둠의 순간을
이겨내게 하소서

참으로 아름다운 언어의 집을 짓기 위해
언제나 기도하는 마음으로
도道를 닦는 마음으로 말을 하게 하소서

언제나 진실하고

언제나 때에 맞고

언제나 책임 있는 말을

갈고닦게 하소서

제가 이웃에게 말을 할 때에는

하찮은 농담이라도

함부로 내뱉지 않게 도와주시어

좀 더 겸허하고

좀 더 인내롭고

좀 더 분별 있는

사랑의 말을 하게 하소서

이해인

시 〈말을 위한 기도〉 중 일부 구절을 부분 인용하였습니다.

| 시 찾아보기(본문 게재 페이지 순) |